Das Andere
20

Å

Didier Eribon
Retorno a Reims

Tradução de Cecilia Schuback
Editora Âyiné

Didier Eribon
Retorno a Reims
Título original
Retour à Reims
Tradução
Cecilia Schuback
Preparação
Érika Nogueira Vieira
Revisão
Ana Martini
Andrea Stahel
Projeto gráfico
CCRZ
Imagem da capa
Julia Geiser

© Librairie Arthème
Fayard
2009

Direção editorial
Pedro Fonseca
Direção de arte
Daniella Domingues
Produção executiva
Gabriela Forjaz
Redação
Andrea Stahel
Editora convidada
Alice Ongaro Sartori
Comunicação
Tommaso Monini
Comercial
Renan Capistrano
Site
Sarah Matos
Administrativo
Lorraine Bridiene

Terceira edição, 2025
© Editora Âyiné
Praça Carlos Chagas
Belo Horizonte
30170-140
ayine.com.br
info@ayine.com.br

Isbn 978-65-5998-008-6

Sumário

7 I.
45 II.
91 III.
117 IV.
145 V.
171 Epílogo

Retorno a Reims

Para G.,
que sempre quer saber de tudo.

I.

1.

Durante muito tempo, foi apenas um nome para mim. Meus pais tinham se mudado para esse vilarejo numa época em que eu não mais os visitava. De vez em quando, em minhas viagens para o exterior, lhes enviava um cartão-postal, o último esforço para manter um elo que eu desejava o mais tênue possível. Ao escrever o endereço, eu me perguntava como seria o lugar onde moravam. Mas minha curiosidade não ia além disso. Quando falava com ela ao telefone, uma ou duas vezes a cada três meses, normalmente menos que isso, minha mãe me perguntava: «Quando você vem nos ver?». Eu me esquivava, dizendo que estava muito ocupado e prometia que iria logo. Mas não tinha essa intenção. Havia deixado minha família e não sentia nenhum desejo de reencontrá-la.

Só conheci, portanto, Muizon muito recentemente. Era semelhante à ideia que eu tinha concebido: um exemplo caricatural de «reurbanização», um desses espaços semiurbanos bem no meio do campo, dos quais é difícil dizer se ainda fazem parte do interior ou se, com a passagem do tempo, chegaram a ser o que se convém chamar de subúrbio. No início dos anos 1950, descobri então, o número de habitantes não ultrapassava a casa dos cinquenta, agrupados em torno de uma igreja, com certos elementos remanescentes do século XII, apesar das guerras que devastaram, em ondas sempre renovadas, o nordeste da França, essa região de «status particular», de acordo com as palavras de Claude Simon, onde os nomes de cidades e vilarejos parecem sinônimos de «batalhas» e «campos entrincheirados», de «canhoneios surdos» ou «vastos cemitérios».[1] Hoje em dia são mais de 2 mil pessoas vivendo ali, entre, de um lado, a Rota do Champagne, que não muito longe começa a enveredar pela paisagem de colinas cobertas de vinhedos, e, de outro, uma zona industrial sinistra nos arredores de Reims, à qual se chega dirigindo uns quinze ou vinte minutos. Novas ruas foram criadas, ao longo das quais se alinham casas parecidas, geminadas duas a duas. A maior parte delas são alojamentos sociais: seus locatários não são pessoas ricas, longe disso. Durante quase vinte anos, meus pais viveram lá sem que eu me decidisse a ir vê-los. Vim para esse arruado — como definir tal lugar? — e para a casinha em que viviam somente quando meu pai a deixou para ser internado pela minha mãe numa clínica para pessoas com mal de Alzheimer, de onde ele não sairia mais. Ela tinha adiado ao máximo esse momento, mas, esgotada e amedrontada com seus repentinos acessos de violência — um dia, ele pegou uma faca de cozinha e a atacou —, minha mãe se rendeu à evidência: não havia outra solução. Só quando ele se ausentou da casa me foi possível fazer esta viagem, ou melhor, este processo de retorno ao qual antes não tinha conseguido me resolver. Redescobrir este «antípoda de mim mesmo», como Genet diria, de que tanto trabalhei para escapar: um espaço social que eu mantinha à distância, um espaço mental contra o qual eu me havia construído, mas que não deixava de constituir uma parte essencial do meu ser. Vim para ver a minha mãe. Isso acabou sendo o começo de uma reconciliação com ela. Ou, mais exatamente, de uma

---

1   Claude Simon, *Le Jardin des Plantes*. Paris: Minuit, 1997, pp. 196-7.

reconciliação comigo mesmo, com toda uma parte de mim que eu havia recusado, rejeitado, renegado.

Minha mãe falou muito comigo durante as visitas que fiz nos meses que se seguiram. De si, da sua infância, da sua adolescência, da sua vivência como mulher casada... Também me falava do meu pai, de como se conheceram, da sua relação, das vidas que tinham levado, da dureza dos trabalhos que tiveram. Ela queria me dizer tudo, e suas palavras se exaltavam, inesgotáveis. Era como se ansiasse compensar o tempo perdido, apagar de uma só vez toda a tristeza que as conversas que nunca tivemos representava para ela. Eu a escutava, tomando café, sentado em sua frente. Atento quando ela falava de si; prostrado e entediado quando detalhava as atitudes e os gestos dos seus netos, meus sobrinhos, os quais eu não conhecia e pelos quais não tinha muito interesse. Uma conexão estava sendo restabelecida entre nós. Algo em mim estava sendo reparado. Eu via a que ponto meu distanciamento tinha sido difícil para ela. Entendi que ela tinha sofrido com isso. O que tinha significado para mim, a pessoa responsável por ele? Não tinha sofrido de uma maneira completamente diferente, conforme o esquema freudiano da «melancolia», associada ao luto insuperável das possibilidades que rejeitamos, das identificações que declinamos? Elas sobrevivem no eu como um de seus elementos constituintes. Tudo de que fomos arrancados ou que gostaríamos de arrancar continua a ser uma parte integrante do que somos. Sem dúvida as palavras da sociologia seriam mais convenientes do que as da psicanálise para descrever o que as metáforas do luto e da melancolia permitem evocar em termos simples, mesmo que inadequados e enganosos: os traços do que fomos na infância, o modo como fomos socializados, persistem mesmo quando as condições em que vivemos na idade adulta mudam, mesmo quando desejamos nos distanciar desse passado, e, como consequência, o retorno ao meio do qual viemos — e do qual saímos, em todos os sentidos do termo — é sempre um retorno para si e um retorno a si, reencontros com um eu tanto conservado como negado. Aflora então à consciência, em tais circunstâncias, aquilo de que teríamos adorado nos ver libertados, mas que não negamos estruturar nossa personalidade, a saber, o mal-estar produzido pelo pertencimento a dois mundos diferentes, separados um do outro por tamanha distância que parecem inconciliáveis, embora coexistam em tudo que somos; uma melancolia ligada ao «*habitus clivé*», para retomar esse belo e potente conceito de Bourdieu. Estranhamente, é no momento em que nos comprometemos a superá-lo, ou ao menos a amenizá-lo, que esse mal-estar clandestino e difuso volta com toda a força à superfície e que a melancolia redobra de intensidade. Esses sentimentos sempre estiveram presentes, e descobrimos então, ou talvez redescobrimos, que sempre estiveram lá, acachapados no fundo de nós mesmos, agindo em nós e sobre nós. Mas podemos realmente superar esse mal-estar? Amenizar a melancolia?

Quando liguei para ela, no dia 31 de dezembro daquele ano, um pouco depois da meia-noite, para lhe desejar feliz Ano-Novo, minha mãe disse: «A clínica acabou de me ligar. Seu pai morreu há uma hora». Eu não o amava. Nunca o amara. Eu sabia que seus meses, depois seus dias, estavam contados e não fiz nenhum esforço para revê-lo uma última vez. Qual seria o sentido, se ele não me reconheceria? Mas já fazia uma eternidade que não nos reconhecíamos. O abismo que se abriu entre nós quando eu ainda era adolescente aumentou ao longo dos anos, e nos tornarmos estrangeiros um para o outro. Nada nos ligava, nos conectava um ao outro. Pelo menos era o que eu pensava, ou no que me esforçava para acreditar, já que achava que era possível viver a vida separado da família e inventar a si mesmo dando as costas ao passado e àqueles que o haviam povoado.

Naquele momento, considerei que, para minha mãe, tinha sido um livramento. Antes, meu pai mergulhava cada vez mais num estado de decadência física e mental que só podia piorar. Foi uma queda inexorável. Ele não ia se recuperar, era certo. Alternava crises de demência, durante as quais brigava com as enfermeiras, com longos períodos de torpor, provocados sem dúvida pelos remédios que lhe eram administrados depois desses episódios de agitação, e durante os quais ele não falava mais, não andava mais, não comia mais. De qualquer maneira, não se lembrava de nada nem de ninguém: visitá-lo passou a representar uma tarefa dura para suas irmãs (duas delas sentiram medo e não voltaram depois da primeira visita) e para meus três irmãos. No que diz respeito à minha mãe, que tinha de percorrer vinte quilômetros de carro, isso se revelava uma devoção que me deixava atônito, pois eu sabia que ela nutria por ele — e, até onde me lembro, esse sempre foi o caso — apenas sentimentos hostis, uma mistura de desprezo e ódio. Não, as palavras não são fortes demais: desprezo e ódio. Mas ela fazia disso um dever. Era sua própria imagem que estava em jogo: «Mas eu não posso abandoná-lo desse jeito», ela repetia quando eu lhe perguntava por que insistia em ir à clínica todos os dias, já que ele não sabia mais quem ela era. Ela tinha pendurado na porta do quarto uma fotografia em que os dois apareciam juntos e que costumava lhe mostrar: «Sabe quem é?». Ele respondia: «É a mulher que cuida de mim».

Dois ou três anos antes, o anúncio da doença do meu pai tinha me feito mergulhar em uma angústia profunda. Ah, não exatamente por causa dele — era tarde demais e, de qualquer modo, ele não me inspirava nenhum sentimento, nem sequer compaixão. Mas por minha causa, egoisticamente: era hereditário? Chegaria a minha hora? Eu me pus a recitar todos os poemas ou cenas de tragédias que tinha decorado para verificar se ainda me lembrava deles: «Sonhe, sonhe, Céfise, com a noite cruel que foi para todo um povo uma noite eterna»;[2] «Eis os frutos, as flores, as folhas e os galhos/ E então eis o meu coração...»;[3] «O espaço que a si se assemelha, se expande ou se nega/ Circula nessa fadiga».[4] Tão logo esquecia um verso, pensava: «Pronto, começou». Essa obsessão não me abandonou: assim que minha memória tropeça num nome, numa data, num número de telefone... uma inquietação desperta. Vejo sinais de alerta por toda parte; eu os procuro tanto quanto os temo. De alguma forma, minha vida cotidiana a partir de então está assombrada pelo Alzheimer. Um espectro que vem do passado para me assustar e me mostrar o que está por vir. É assim que meu pai continua a estar presente na minha existência. Modo estranho, para uma pessoa desaparecida, de sobreviver no interior do cérebro — o lugar onde a própria ameaça está localizada — de um de

---

[2] Tradução livre do verso: «Songe, songe, Céphise, à cette nuit cruelle qui fut pour tout un peuple une nuit éternelle...». *Andromaque*, de Racine. [N. T.]
[3] Tradução livre do verso: «Voici des fruits, des fleurs, des feuilles et des branches/ Et puis voici mon coeur...», do poema «Vert», de Paul Verlaine. [N. T.]
[4] Tradução livre do verso: «L'espace à soi pareil, qu'il s'accroisse ou se nie/ Roule dans cet ennui...», do soneto «Quand l'ombre menaça...», de Stéphane Mallarmé. [N. T.]

seus filhos. Lacan fala muito bem, em um de seus *Seminários*, sobre essa abertura para a angústia que produz, no filho homem de todo modo, o desaparecimento do pai: ele se vê sozinho, na linha de frente, diante da morte. O Alzheimer acrescenta um temor cotidiano a essa angústia ontológica: espreitamos os índices, os interpretamos.

Mas minha vida não é somente assombrada pelo futuro: também o é pelos fantasmas do meu próprio passado, que surgiram logo depois da morte daquele que personificava tudo aquilo de que quis fugir, tudo aquilo com que quis romper, e que, certamente, tinha constituído para mim uma espécie de modelo social negativo, um contrapeso no trabalho que eu havia realizado para criar a mim mesmo. Nos dias que seguiram, comecei a repensar minha infância, minha adolescência, todas as razões que tinham me levado a detestar esse homem que acabara de expirar e cujo desaparecimento e emoções inesperadas que este provocou em mim despertaram na minha memória diversas imagens que eu dava por esquecidas (mas que talvez eu sempre soubesse que não as tinha esquecido, mesmo que as tivesse — conscientemente — reprimido). Isso acontece em todo luto, me falaram, e talvez até constitua uma de suas características essenciais e universais, sobretudo quando se trata dos pais. Mas, nesse caso, foi uma maneira estranha de experienciá-lo: um luto no qual a vontade de entender aquele que acabara de desaparecer e de eu próprio, que sobrevivia a ele, que predominava sobre a tristeza, me entender. Outras perdas, antes disso, tinham me atingido com mais violência e me lançado em uma angústia mais profunda. Tratava-se de amigos, e portanto de laços eletivos cuja aniquilação brutal privou minha vida daquilo que tecia sua trama cotidiana. Ao contrário dessas relações escolhidas, cuja força e solidez deviam-se ao fato de seus protagonistas desejarem ardentemente empreendê-las, e daí o efeito de colapso provocado por sua interrupção, o que me unia a meu pai parecia provir tão somente do laço biológico e legal: tinha me gerado, eu levava seu nome, e, de resto, ele não me importava. Quando leio as anotações em que Barthes registrou diariamente o desespero que se abatera sobre ele na ocasião da morte de sua mãe e o sofrimento insuportável que transformou o seu ser, tenho uma medida de até que ponto os sentimentos que me tomaram com a morte do meu pai são diferentes desse desespero e dessa aflição. «Eu não estou *de luto*. Eu tenho pesar»,[5] ele escreve para exprimir sua recusa a uma abordagem psicanalítica do que acontece depois do falecimento de um ente querido. O que foi isso para mim? Como ele, eu poderia dizer que não estava «de luto» (no sentido freudiano de um «trabalho» que se realiza numa temporalidade psíquica em que a dor inicial se esvai progressivamente). Mas tampouco sentia esse pesar indelével sobre o qual o tempo não teria nenhum efeito. O quê, então? Mais uma desordem provocada por uma interrogação indissociavelmente pessoal e política sobre os destinos sociais, sobre a divisão da sociedade em classes, sobre o efeito de determinismos sociais na constituição das subjetividades, sobre as psicologias individuais, sobre as relações entre os indivíduos.

Não compareci ao funeral do meu pai. Não tinha vontade de rever meus irmãos, com os quais não tinha contato algum havia mais de trinta anos. Tudo que sabia deles, desde então, era o que podia ver nas fotografias emolduradas que

---

[5] Roland Barthes, *Journal de deuil*, Paris: Seuil, 2009, p. 83. [Ed. bras.: *Diário de luto*. Trad. de Leyla Perrone-Moysés. São Paulo: WMF Martins Fontes, 2011.]

estavam em toda parte na casa em Muizon. Assim conhecia sua aparência, como tinham ficado fisicamente. Mas como reencontrá-los depois de tanto tempo, nessas circunstâncias? «Como ele mudou...», teríamos pensado uns dos outros, procurando desesperadamente sob nossos traços de hoje o que éramos ontem, ou melhor, antes de ontem, quando éramos irmãos, isto é, quando éramos jovens. No dia seguinte, fui passar a tarde com minha mãe. Ficamos algumas horas batendo papo, sentados nas poltronas da sala. Ela tinha tirado de um armário algumas caixas cheias de fotografias. Havia muitas de mim, menino, adolescente, claro... Dos meus irmãos, também... Lá estava novamente sob meus olhos — mas não estavam ainda gravados em meu espírito e na minha carne? — esse meio operário no qual eu tinha vivido e essa miséria operária que se lê na fisionomia das casas no segundo plano, nos interiores, nas roupas, nos próprios corpos. É sempre vertiginoso ver até que ponto os corpos fotografados do passado, talvez mais ainda do que os em ação ou situados diante de nós, se apresentam imediatamente ao olhar como corpos sociais, corpos de classe. E constatar até que ponto do mesmo modo a fotografia como uma «lembrança», ao levar um indivíduo — nesse caso, eu — ao seu passado familiar, o ancora em seu passado social. A esfera do privado, e mesmo da intimidade, tal como ressurge em velhos clichês, nos reinscreve no âmbito do mundo social do qual viemos, em lugares marcados por pertencimento de classe, numa topografia em que aquilo que parece destacar-se das relações mais fundamentalmente pessoais nos situa em uma história e uma geografia coletivas (como se a genealogia individual fosse inseparável de uma arqueologia ou topologia sociais que cada um leva consigo como uma das suas verdades mais profundas, se não a mais consciente).

2.

Uma questão tinha começado a me incomodar algum tempo antes, desde os primeiros passos do retorno a Reims. Ela se formularia de maneira mais clara e precisa ainda nos dias depois daquela tarde que passei vendo fotos com minha mãe, no dia seguinte ao funeral do meu pai: «Por que eu, que escrevi tanto sobre os mecanismos de dominação, nunca tinha escrito sobre a dominação social?». E também: «Por que eu, que atribuí tanta importância ao sentimento de vergonha nos processos de subjugação e de subjetivação, não tinha escrito quase nada sobre a vergonha social?». Eu deveria até enunciar a questão nos seguintes termos: «Por que eu, que experimentei tanto a vergonha social, a vergonha do meio de que eu vinha, quando, uma vez instalado em Paris, conheci pessoas que vinham de ambientes sociais tão diferentes do meu, para quem eu com frequência praticamente mentia sobre as minhas origens de classe, ou diante das quais me sentia profundamente constrangido de confessar essas origens, por que nunca me ocorreu abordar esse problema num livro ou artigo?». Formulando de outro modo: para mim foi mais fácil escrever sobre a vergonha sexual do que sobre a vergonha social. Como se estudar a constituição do sujeito inferiorizado e aquela, concomitante, da complexa relação entre o silêncio sobre si e a «confissão» de si fosse hoje valorizado e valorizante, e mesmo encorajado pelos quadros contemporâneos da política, quando se trata da sexualidade, mas bastante difícil, e não se beneficiando praticamente de nenhum apoio nas categorias do discurso público, quando se trata da origem social popular. E eu queria entender por quê. A fuga rumo à cidade grande, rumo à capital, para viver sua homossexualidade é uma trajetória bastante clássica e bastante comum para um jovem gay. O capítulo que consagrei a esse fenômeno em *Reflexões sobre a questão gay* — assim como toda a primeira parte desse livro, a propósito — pode ser lido como uma autobiografia transfigurada em uma análise histórica e teórica, ou, se preferir, como uma análise histórica e teórica ancorada em uma experiência pessoal.[6] Mas a «autobiografia» é parcial. E outra análise histórica e teórica teria sido possível a partir de um olhar reflexivo sobre a minha trajetória. Porque a decisão de deixar a cidade onde nasci e onde passei toda a minha adolescência para viver em Paris, aos vinte anos, significava ao mesmo tempo para mim uma mudança progressiva do meio social. E, como consequência, não seria exagero afirmar que minha saída do armário sexual, o desejo de assumir e afirmar a minha homossexualidade, coincidiu na minha trajetória pessoal com a entrada no que eu poderia descrever como um armário social, isto é, nas restrições impostas por outra forma de dissimulação, outro tipo de personalidade dissociada ou de dupla consciência (com os mesmos mecanismos daqueles, bem conhecidos, do armário sexual: os subterfúgios para cobrir as pistas, os amigos muito raros que sabem mas guardam o segredo, os diferentes registros de discurso em função das situações e dos interlocutores,

---

[6] Cf. Didier Eribon, *Réflexions sur la question gay*. Paris: Fayard, 1999. [Ed. bras.: *Reflexões sobre a questão gay*. Trad. de Procopio Abreu. São Paulo: Companhia de Freud, 2008.]

o controle permanente de si, dos gestos, das entonações, das expressões, para não deixar transparecer nada, para nunca se «trair» etc.). Quando assumi a tarefa de escrever sobre a subjugação, depois de alguns trabalhos no âmbito da história das ideias (e notavelmente meus dois livros sobre Foucault), foi em meu passado como gay que escolhi me basear, e foi sobre as molas da inferiorização e da «abjeção» (como somos «abjetados» pelo mundo em que vivemos) dos que contrariam as leis da normalidade sexual que escolhi refletir, deixando de lado tudo que em mim, na minha própria existência, poderia ter, deveria ter, me conduzido a orientar também o meu olhar para as relações de classe, a dominação de classe e os processos de subjetivação em termos de pertencimento social e de inferiorização das classes populares. Claro que não negligenciei essas questões em *Reflexões sobre a questão gay*, em *Une morale du minoritaire* ou em *Hérésies*. A ambição desses livros ultrapassa em muito a abordagem de análise delimitada que eles propõem. Eu queria esboçar neles uma antropologia da vergonha e construir, a partir daí, uma teoria da dominação e da resistência, da subjugação e da subjetivação. Sem dúvida é por isso, aliás, que, em *Une morale du minoritaire* (cujo subtítulo é *Variations sur un thème de Jean Genet*), não paro de aproximar as elaborações teóricas de Genet, Jouhandeau e alguns outros sobre a inferiorização sexual às de Bourdieu sobre a inferiorização social ou às de Fanon, Baldwin e Chamoiseau sobre a inferiorização racial e colonial. O fato é que essas dimensões só intervêm nas minhas demonstrações como parâmetros num esforço por compreender o que representa e acarreta o fato de pertencer a uma minoria sexual. Mobilizo as abordagens produzidas em outros contextos, procuro ampliar o alcance das minhas análises, mas são sempre elementos secundários, suplementos — valendo ora como sustentação, ora como extensão. Como já destaquei no prefácio da edição inglesa de *Reflexões sobre a questão gay*, eu queria transpor a noção de *habitus* de classe forjada por Pierre Bourdieu para a questão dos *habitus* sexuais: as formas de incorporação das estruturas da ordem sexual produzem *habitus* sexuais como as formas de incorporação das estruturas da ordem social produzem *habitus* de classe? E se qualquer tentativa de trazer respostas a um problema como esse deve evidentemente confrontar a questão da articulação entre os *habitus* sexuais e os *habitus* de classe, meu livro era consagrado à subjetivação sexual e não à subjetivação social.[7]

Ao retornar a Reims, fui confrontado com esta questão, insistente e negada (pelo menos amplamente negada no que eu tinha escrito assim como na minha vida): ao tomar como meu ponto de partida teórico — colocando assim como abordagem para pensar sobre mim mesmo, pensar meu passado e meu presente — a ideia, aparentemente clara, de que minha ruptura total com minha família podia se explicar pela minha homossexualidade, pela homofobia arraigada do meu pai e do meio em que eu tinha vivido, não chegaram a me ocorrer, ao mesmo tempo — e por mais profundamente verdadeiro que isso pudesse ter sido —, razões nobres e incontestáveis para deixar de pensar que se tratava também de uma ruptura de classe com meu meio de origem?

Na minha vida, seguindo o percurso típico do gay que vai para a cidade, se inscreve em novas redes de sociabilidade,

---

[7] Publiquei o texto em francês desse prefácio em minha antologia intitulada *Hérésies. Essais sur la théorie de la sexualité* (Paris: Fayard, 2003). Para a versão em inglês, cf. *Insult and the Making of the Gay Self*. Durham, NC: Duke University Press, 2004.

faz a aprendizagem de si mesmo como gay ao descobrir o mundo gay e se inventar como gay a partir dessa descoberta, segui ao mesmo tempo outro caminho, dessa vez social: o itinerário daqueles que costumam se designar «desertores de classe». E fui, sem dúvida, um «desertor» cuja preocupação, mais ou menos permanente e mais ou menos consciente, tinha sido distanciar sua classe de origem, escapar do meio social de sua infância e de sua adolescência.

Claro, continuava a ser solidário com o que tinha sido o mundo da minha juventude, visto que nunca compartilhei os valores da classe dominante. Sempre senti constrangimento, até ódio, ao ouvir pessoas ao meu redor falarem com desprezo ou irreverência das pessoas do povo, de seu modo de viver, de seu jeito de ser. Afinal de contas, é de lá que eu vinha. E o ódio imediato ante a hostilidade que os ricos e os bem de vida sempre exprimem a respeito de movimentos sociais, greves, protestos, resistências populares. Certos reflexos de classe subsistem apesar de todos os esforços, e notavelmente os esforços para mudar a si mesmo, pelos quais nos desligamos do meio de origem. E, se me aconteceu de mais de uma vez me deixar levar, na minha vida cotidiana, por olhares ou julgamentos apressados e desdenhosos que se destacam por uma percepção do mundo e das outras pessoas formada pelo que bem podemos chamar de racismo de classe, minhas reações, não obstante, assemelham-se muitas vezes àquelas da personagem de Antoine Bloyé, na qual Nizan pintou o retrato do seu pai, um antigo operário que se tornou burguês: as palavras pejorativas sobre a classe operária usadas pelas pessoas com as quais ele convive na vida adulta e que constituem a partir de então o meio ao qual ele pertence o atingem ainda como se fosse ele quem estivesse sendo visado ao mesmo tempo que seu meio de antes: «Como tomar parte de seus julgamentos sem ser infiel à sua própria infância?».[8] Cada vez que fui «infiel» à minha infância, tomando parte de juízos depreciativos, uma consciência pesada e surda nunca deixou, cedo ou tarde, de se manifestar em mim.

Como era grande, no entanto, a distância que me separava desde então desse universo que tinha sido o meu e do qual, com a força do desespero, eu não queria mais fazer parte. Devo confessar que, mesmo me sentindo próximo e solidário às lutas populares, permanecendo fiel aos valores políticos e emocionais que me fazem vibrar quando vejo um documentário sobre as grandes greves de 1936 ou 1968, experimentava bem fundo dentro de mim uma rejeição ao meio operário como ele realmente é. A «classe mobilizada» ou vista como mobilizável e portanto idealizada, até heroicizada, difere dos indivíduos que a compõem — ou que potencialmente a compõem. E eu detestava cada vez mais me ver em contato direto com o que eram — com o que são — as classes populares. Logo que me mudei para Paris, enquanto continuava a ver meus pais, que ainda moravam em Reims, no conjunto habitacional HLM[9] onde eu tinha passado toda minha adolescência — eles só o deixaram para se mudar para Muizon muito mais tarde —, ou quando almoçava com eles aos domingos, na casa da minha avó que morava em Paris e a quem eles visitavam esporadicamente, um desconforto difícil de determinar e descrever me assaltava diante dos modos

---

[8] Paul Nizan, *Antoine Bloyé* [1933]. Paris: Grasset, «Les Cahiers rouges», 2005, pp. 207-9.
[9] Refere-se aos projetos de conjuntos habitacionais chamados *Habitation à Loyer Modéré* (HLM), literalmente «Habitação com aluguel moderado». [N. T.]

de falar e do jeito de ser tão diferentes daqueles do meio no qual eu circulava desde então, diante de preocupações tão distantes das minhas, diante de uma retórica na qual um racismo primário e obsessivo corria solto a cada conversa, sem que soubéssemos muito bem por que ou como qualquer assunto abordado, seja qual fosse, voltava inescapavelmente a esse ponto etc. Isso me parecia uma labuta, cada vez mais penosa à medida que eu me transformava em outra pessoa. Reconheci precisamente o que vivi nesse momento ao ler os livros que Annie Ernaux dedicou a seus pais e à «distância de classe» que a separou deles. Neles ela evoca maravilhosamente esse mal-estar que sentimos ao *retornar* aos pais depois de ter saído não somente da casa da família mas também da própria família e do mundo aos quais, apesar de tudo, continuamos a pertencer, e esse sentimento desconcertante de estar ao mesmo tempo em casa e num mundo estranho.[10]

Para ser sincero, no que me diz respeito, isso tornou-se quase impossível depois de alguns anos.

Dois caminhos então. Imbricados um com o outro. Duas trajetórias interdependentes de reinvenção de mim mesmo: uma relacionada à ordem sexual, a outra relacionada à ordem social. No entanto, quando se tratou de escrever, foi a primeira que decidi analisar, a que diz respeito à opressão sexual, e não a segunda, que diz respeito à dominação social, talvez redobrando pelo gesto da escrita teórica o que tinha sido a traição existencial. E, mais do que outro, e até mesmo praticamente excluindo outro, foi portanto um tipo de implicação pessoal do sujeito que escreve naquilo que escreve que

---

10   Annie Ernaux, *La Place, Une femme* e *La Honte*. Paris: Gallimard, 1983, 1987 e 1997.

adotei. Essa escolha constituiu não somente uma maneira de me definir e de me subjetivar no tempo presente, mas também uma escolha do meu passado, da criança, do adolescente que eu tinha sido: uma criança gay, um adolescente gay, e não um filho de operário. Mas cá estamos!

3.

«Quem é?», perguntei à minha mãe. «Ora... é seu pai!», ela respondeu. «Não o reconhece? É porque você não o via fazia muito tempo.» De fato, eu não tinha reconhecido meu pai nessa foto, tirada um pouco antes da sua morte. Magro, encurvado, o olhar perdido, ele tinha envelhecido terrivelmente, e precisei de alguns minutos para fazer a conexão entre a imagem desse corpo enfraquecido e o homem que eu conhecera, vociferando por qualquer coisa, estúpido e violento, o homem que me inspirara tanto desprezo. Nesse instante, eu me senti um pouco perturbado ao compreender que, nos meses, nos anos talvez, que precederam sua morte, ele tinha deixado de ser a pessoa que eu odiava para se tornar este ser patético: um antigo tirano doméstico caído, inofensivo e sem força, vencido pela idade e pela doença.

Ao reler o belo texto de James Baldwin sobre a morte do pai, uma observação me atingiu. Baldwin conta que adiou ao máximo uma visita ao pai, que ele sabia estar muito doente. E comenta: «Eu tinha falado para minha mãe que era porque eu o odiava. Mas não era verdade. A verdade é que eu o *tinha odiado* e queria manter esse ódio. Eu não queria ver a ruína na qual ele havia se transformado: não era uma ruína que eu tinha odiado».

Ainda mais impressionante me pareceu a explicação que ele propõe: «Imagino que uma das razões pelas quais as pessoas se agarraram de forma tão tenaz aos seus ódios é porque sentem que, quando o ódio for embora, se verão confrontadas com a dor».[11]

A dor, ou talvez, no meu caso — já que a extinção do ódio não despertara em mim nenhuma dor —, uma obrigação urgente de me questionar sobre mim mesmo, um desejo premente de voltar no tempo para compreender as razões pelas quais para mim tinha sido tão difícil ter a mínima troca com esse homem que, no fundo, eu mal conhecia. Quando procuro refletir, admito que não sei muito sobre meu pai. O que ele pensava? Sim, o que ele pensava do mundo em que vivia? Dele mesmo? E dos outros? Como via as coisas da vida? As coisas da sua vida? E em particular nossa relação, cada vez mais tensa, e cada vez mais distante, depois a nossa ausência de relação? Fiquei pasmo, há pouco tempo, ao saber que, ao me ver um dia em um programa na televisão, ele começou a chorar, tomado de emoção. Constatar que um de seus filhos tinha conquistado o que representava a seus olhos um sucesso social quase inimaginável o havia abalado. Ele estava pronto, ele que eu sempre julgara tão homofóbico, a enfrentar os olhares de seus vizinhos e de qualquer outro no vilarejo e até a defender, se fosse o caso, o que ele considerava a sua honra e a da sua família. Eu apresentava, naquela noite, meu livro *Reflexões sobre a questão gay*, e, preocupado com os comentários e os sarcasmos que isso poderia provocar, ele declarou à minha mãe: «Se alguém falar alguma coisa para mim sobre isso, eu quebro a cara».

---

11   James Baldwin, «Notes of a Native Son» [1955], in *Notes of a Native Son* [1964]. Londres e Nova York: Penguin Books, 1995, p. 98.

Eu nunca — nunca! — tinha tido uma conversa com ele. Ele era incapaz (pelo menos comigo, e eu com ele) disso. É tarde demais para lamentar. Mas há tantas perguntas que eu agora gostaria de lhe fazer, somente para escrever este livro. Aqui, mais uma vez, fico espantado ao ler esta frase nos relatos de Baldwin: «Quando morreu, percebi que nunca, por assim dizer, tinha falado com ele. Um tempo após sua morte, comecei a me arrepender de não ter falado com ele». Depois, evocando o passado do pai, que pertencera à primeira geração de homens livres (sua mãe nascera na época da escravidão), continua: «Ele afirmava ter orgulho de ser negro, mas essa também tinha sido a causa de muitas humilhações, e tinha colocado limites sinistros em sua vida».[12] Como foi possível, então, para Baldwin, não ter se repreendido, mais cedo ou mais tarde, por ter abandonado a família, por ter traído os seus? Sua mãe não tinha entendido por que ele partira, por que ele tinha ido morar longe deles, primeiro no Greenwich Village, para frequentar os círculos literários, e depois na França. Teria lhe sido possível ficar? É claro que não! Ele teve de ir embora, deixar para trás o Harlem, deixar para trás o espírito tacanho e a hostilidade intolerante do pai contra a cultura e a literatura, a atmosfera sufocante da casa da família... para poder se tornar escritor assim como para viver livremente sua homossexualidade (e afrontar na sua obra a dupla questão do que significa ser negro e do que significa ser gay). No entanto chegou o momento em que a necessidade de «retornar» se impôs, mesmo que depois da morte do pai (na verdade, do padrasto, que o educara desde os primeiros anos da infância). O texto que ele escreve para homenageá-lo pode ser assim interpretado como a maneira

---

12   Ibid., pp. 85-6.

de empreender ou, pelo menos, dar início a esse «retorno» mental ao tentar entender quem era essa personagem que ele tanto detestava e de quem queria fugir. E, talvez, ao dar início a esse processo de intelecção histórica e política, se tornar um dia capaz de se reapropriar emocionalmente de seu próprio passado, e conseguir não somente se entender, mas sobretudo se aceitar. Dizem que, obcecado por essa questão, ele afirmou com afinco numa entrevista que «evitar a viagem de retorno é evitar a si mesmo, evitar a 'vida'».[13]

Como era o caso de Baldwin com seu pai, também comecei a perceber que tudo o que meu pai tinha sido, a saber, tudo o que eu tinha para repreendê-lo e todas as razões que me fizeram detestá-lo tinham sido modelados pela violência do mundo social. Ele sentia orgulho de pertencer à classe operária. Mais tarde, sentiu orgulho de ter ascendido, mesmo que modestamente, daquela condição. Mas isso foi a causa de diversas humilhações e colocou «limites sinistros» em sua vida. E marcou nele um tipo de loucura que ele nunca superou e que o tornou quase incapaz de sustentar relacionamentos com outras pessoas.

Como Baldwin, num contexto bastante diferente, tenho certeza de que meu pai carregou consigo o peso de uma história aniquiladora que só podia produzir danos psíquicos profundos naqueles que a viveram. A vida do meu pai, sua personalidade, sua subjetividade foram determinadas por uma inscrição dupla em um lugar e um tempo cuja dureza e cujas pressões multiplicaram-se ao se misturarem. A chave

---

13 «To avoid the journey back is to avoid the Self, to avoid 'life'» (Fred L. Standley e Louis H. Pratt (orgs.), Conversations with James Baldwin. Jackson: University Press of Mississippi, 1989, p. 60). Sobre todas essas questões, ver David Leeming, *James Baldwin: A Biography*. Nova York: Alfred A. Knopf, 1994.

de seu ser: onde e quando ele nasceu. Isto é, a época e a região do espaço social em que se decidiu qual seria seu lugar no mundo, sua aprendizagem do mundo, sua relação com o mundo. A semiloucura do meu pai e a incapacidade relacional que foi a sua consequência não tinham, em última instância, nada de psicológico, no sentido de um traço individual: eram o efeito desse estar-no-mundo tão precisamente situado.

Exatamente como a mãe de Baldwin, a minha me disse: «Era ele que trabalhava duro para te dar de comer». Assim ela me falava dele, deixando suas próprias queixas de lado: «Não o julgue com tanta severidade, ele não teve uma vida fácil». Nasceu em 1929, primogênito de uma família que se tornaria numerosa: sua mãe teve doze filhos. É difícil imaginar hoje o destino dessas mulheres a serviço da maternidade: doze filhos! Dois deles foram natimortos (ou morreram muito pequenos). Outro, nascido na estrada durante a evacuação da cidade em 1940, quando aviões alemães atacavam cruelmente as colunas de refugiados, ficou mentalmente incapacitado: o cordão umbilical não pôde ser cortado normalmente, ou talvez ele tenha se ferido quando minha avó se jogou com ele num buraco para se proteger dos tiros de metralhadora, ou talvez simplesmente não tenha recebido o tipo de cuidado necessário logo depois do nascimento — não sei qual dessas diferentes versões inculcadas na memória da família é a verdadeira... Minha avó cuidou dele toda a vida. Para receber os subsídios do seguro social, indispensáveis à sobrevivência econômica da família, sempre disseram. Quando eu era pequeno, meu irmão e eu morríamos de medo dele. Ele babava, só se exprimia por balbucios bizarros e esticava os braços em nossa direção em busca de um pouco de afeto ou talvez para manifestar o seu próprio, mas não recebia em troca nada além de recuadas, quando não gritos ou rechaços. Fico mortificado com esse comportamento, olhando para trás, mas éramos apenas crianças, e ele, um adulto que na época diziam ser «anormal». Durante a guerra, a família do meu pai teve de deixar a cidade no momento que chamamos de «êxodo». A viagem os levou para um lugar longe de casa, a uma fazenda perto de Mimizan, uma pequena cidade nos Landes. Depois de alguns meses ali, voltaram a Reims assim que foi assinado o armistício. O norte da França estava ocupado pelo exército alemão (nasci logo depois do fim da guerra, e no entanto na minha família ainda se usava unicamente o termo «boche» para se referir aos alemães, dos quais se tinha um ódio feroz e aparentemente inextinguível. Não era incomum, até os anos 1970 e mesmo depois, terminar uma refeição e exclamar: «Mais uma que os boches não vão levar!». E tenho de confessar que eu mesmo usei essa expressão mais de uma vez).

Em 1940, meu pai tinha onze anos e, até completar catorze ou quinze anos, durante todo o período da Ocupação, precisava ir aos vilarejos vizinhos procurar comida para a família. Em todas as estações, ventasse, chovesse ou nevasse. No frio glacial do inverno da Champagne, ele percorria às vezes até vinte quilômetros de bicicleta para buscar batatas ou outros mantimentos. Ele cuidava de tudo, ou quase tudo, em casa.

Eles tinham se mudado — se isso foi durante a guerra ou logo depois, não sei — para uma casa relativamente grande, no meio de um bairro em que um complexo habitacional havia sido construído nos anos 1920 para famílias numerosas. Esse tipo de casa correspondia aos projetos elaborados por um grupo de industriais católicos que, no começo do século XX, se preocupava em melhorar os alojamentos de seus operários. Reims era uma cidade dividida em dois por uma fronteira de classe muito bem marcada: de um lado, a alta burguesia; do outro, os operários pobres. Os círculos filantrópicos da primeira se preocupavam com as más condições de vida dos segundos e com as consequências nefastas que elas acarretavam. O temor da queda da taxa de natalidade tinha produzido uma mudança profunda no modo como se encaravam as «famílias numerosas»: culpadas da desordem e genitoras de uma juventude delinquente aos olhos dos reformadores e demógrafos até o final do século XIX, tornaram-se, no começo do século XX, o bastião indispensável contra o despovoamento que ameaçava a pátria de uma fraqueza alarmante diante dos países inimigos. Se essas famílias numerosas haviam sido estigmatizadas e combatidas pelos promotores do malthusianismo, o discurso dominante — na esquerda e na direita — exortava agora incentivá-las e valorizá-las, e assim, consequentemente, apoiá-las. A propaganda natalista era acompanhada então de projetos urbanistas para garantir a esses novos pilares da nação regenerada um meio decente, que permitiria evitar os perigos, havia muito enfatizados pela burguesia reformadora, de uma infância operária mal alojada e solta pelas ruas: a proliferação anárquica de meninos baderneiros e meninas imorais.[14]

Inspirados por essas novas perspectivas políticas e patrióticas, os filantropos da Champagne fundaram uma sociedade dedicada a construir habitações a preços acessíveis, o «Foyer rémois» [lar de Reims], encarregada de construir

---

14 Sobre essas questões, cf. Virginie de Luca Barrusse, *Les Familles nombreuses. Une question démographique, un enjeu politique (1880-1940)*. Rennes: Presses universitaires de Rennes, 2008. Ver também Remi Lenoir, *Généalogie de la morale familiale*. Paris: Seuil, 2003.

«conjuntos habitacionais» que oferecessem moradias espaçosas, limpas e salubres, acessíveis a famílias com mais de quatro filhos, com um quarto para os pais, um para os meninos e um para as meninas. As casas não dispunham de banheiros, mas tinham água encanada (cada um se lavava por revezamento na pia da cozinha). A preocupação com a higiene física representava apenas, é claro, um aspecto desses projetos urbanísticos. A questão da higiene moral era tão importante quanto: tratava-se, ao encorajar a natalidade e os valores familiares, de distanciar os operários dos bares e do alcoolismo que eles favoreciam. Considerações políticas também não estavam ausentes. A burguesia imaginava conseguir assim conter a propaganda socialista e sindical que via com preocupação florescer nos pontos de encontro da classe operária fora de casa, assim como, nos anos 1930, esperava pelos mesmos meios proteger os trabalhadores da influência comunista. O bem-estar doméstico, tal como os filantropos burgueses imaginavam para os pobres, deveria então afastar os trabalhadores investidos em sua vida doméstica das tentações da resistência política e suas formas de associação e ação. Em 1914, a guerra interrompeu a implementação desses programas. Mas, depois dos quatro anos apocalípticos que tomaram o nordeste da França, e sobretudo a região de Reims, tudo teve de ser reconstruído (as fotografias tiradas em 1918 do que na época era chamado de «cidade mártir» são aterrorizantes: a perder de vista, só se distinguem destroços de muros ainda em pé em meio a pilhas de entulhos, como se um Deus terrível tivesse feito de tudo para riscar do mapa essa concentração de história, tendo sobrevivido somente a catedral e a basílica Saint-Remi, ainda que severamente danificadas, do dilúvio de ferro e fogo que as abateu). Graças à ajuda americana, urbanistas e arquitetos fizeram surgir dessas ruínas uma nova cidade, ao redor da qual projetaram as famosas «cidades-jardim», conjuntos habitacionais em «estilo regionalista» (alsaciano, na verdade, se não me engano), às vezes isolados, às vezes contíguos, todos contando com um jardim e instalados ao longo de ruas bastante amplas intercaladas com espaços verdes.[15] Foi para um desses conjuntos que meus avós se mudaram durante a Segunda Guerra Mundial ou logo depois dela. Quando eu era criança, no fim dos anos 1950 e começo dos 1960, o cenário sonhado e depois criado pelos filantropos tinha se deteriorado bastante: malconservada, a «cidade-jardim» do Foyer rémois onde ainda viviam meus avós e seus filhos mais novos parecia leprosa, roída pela miséria que ela tinha por função abrigar e que se insinuava por toda parte. Era um ambiente extremamente patogênico, em que se desenvolviam, de fato, patologias sociais. Estatisticamente falando, a via da delinquência era um dos caminhos que se apresentavam aos jovens do bairro, como ainda é hoje o caso nos espaços instituídos da segregação urbana e social — e como não ser marcado por essas permanências históricas? Um dos irmãos do meu pai virou ladrão, foi preso e acabou com a «estada proibida» em Reims; o víamos aparecer, ocasionalmente, às escondidas, quando anoitecia para ver os pais ou pedir um pouco de dinheiro aos irmãos e irmãs. Ele desaparecera da minha vida e da minha memória havia muito tempo, até que fiquei sabendo pela minha mãe que ele tinha virado mendigo e

---

15   Cf. Alain Coscia-Moranne, *Reims, un laboratoire pour l'habitat. Des cités-jardins aux quartiers-jardins*. Reims: CRDP Champagne-Ardenne, 2005, e Delphine Henry, *Chemin vert. L'oeuvre d'éducation populaire dans une cité-jardin emblématique, Reims 1919-1939*. Reims: CRDP Champagne-Ardenne, 2002. Ver também Delphine Henry, *La Cité-jardin. Une histoire ancienne, une idée d'avenir*, site do CRDP Champagne-Ardenne, disponível em <http://www.crdp-reims.fr/ressources/dossiers/cheminvert/expo/portail.htm>.

morrido na rua. Tinha sido marinheiro na juventude (prestou o serviço militar obrigatório na marinha e em seguida se alistou permanentemente antes de ser dispensado devido à sua má conduta — brigas, roubos etc.), e foi o seu rosto, sua silhueta de uniforme numa fotografia que ficava em cima do aparador da sala de jantar, na casa dos meus avós, que me voltaram à mente quando li pela primeira vez *Querelle de Brest*. De modo mais geral, as contravenções, pequenas ou grandes, eram a regra do bairro, como uma espécie de resistência popular e obstinada às leis de um Estado percebido diariamente como o instrumento do inimigo de classe, cujo poder se manifestava por toda parte e o tempo todo.

De acordo com os desejos iniciais da burguesia católica e com o que ela considerava serem os «valores morais» a incutir nas classes populares, a taxa de natalidade era boa: não era incomum que as famílias que ocupavam as casas vizinhas à dos meus avós tivessem catorze ou quinze filhos, e até 21, minha mãe me garantiu, mesmo que para mim seja difícil acreditar que isso fosse possível. Mas o Partido Comunista também prosperou. A adesão efetiva era relativamente frequente — da parte dos homens em todo caso, já que as mulheres, mesmo compartilhando as opiniões dos maridos, se mantinham afastadas da prática militante e das «reuniões de célula». Essa adesão, contudo, não era necessária à difusão ou à perpetuação desse sentimento de pertencimento político de modo tão espontâneo e tão estreitamente ligado ao pertencimento social. A propósito, dizia-se simplesmente «o Partido». Meu avô, meu pai e seus irmãos — assim como, do lado da minha mãe, seu padrasto e seu meio-irmão — iam assistir em grupo às reuniões públicas presididas em intervalos regulares pelos dirigentes nacionais. E todo mundo votava nos candidatos comunistas a cada eleição, vociferando contra a falsa esquerda que representavam os socialistas, seus compromissos e suas traições, mas lhes concedendo ainda assim, aos resmungos, seus sufrágios no segundo turno, quando era preciso, em nome do realismo e da «disciplina republicana», que estava fora de cogitação transgredir (mas o candidato comunista estava frequentemente em vantagem, naquela época, e portanto esse cenário se apresentava bem raramente). A expressão «a esquerda» era dotada de um forte significado. Tratava-se de defender seus interesses e fazer ouvir sua voz, e isso passava, exceto nos momentos de greve ou protesto, pela delegação e entrega de si aos «representantes da classe operária» e aos responsáveis políticos dos quais se aceitavam consequentemente todas as decisões e se repetiam todos os discursos. Constituir-se como sujeito político era se colocar nas mãos dos porta-vozes, por intermédio dos quais os operários, a «classe operária», existiam como grupo organizado, como classe consciente de si mesma. E o que pensava de si mesma, os valores que reclamava para si, as atitudes que adotava, tudo era muito amplamente modelado pela concepção do mundo que o «Partido» contribuía a inculcar nas consciências e a difundir no corpo social. O voto era assim um momento muito importante de afirmação coletiva de si e de seu peso político. E, nas noites de eleições, quando saíam os resultados, explodia-se de raiva ao saber que a direita tinha ganhado mais uma vez, perdia-se a linha com os operários «amarelos»[16] que tinham «votado para os gaullistas» e, por consequência, contra si mesmos.

16　Em francês, «*Jaune*», que originalmente designa um movimento sindicalista nascido na França entre os séculos XIX e XX em termos antissocialista e anticomunista, assumiu em seguida um signficado pejorativo de «traidor». [N. E.]

Tornou-se tão comum deplorar essa influência comunista sobre os meios populares — não todos — dos anos 1950 até o final da década de 1970 que convém lembrar o sentido que ela tinha para aqueles que condenamos ainda mais facilmente, já que é pouco provável que estejam em posição de alcançar o discurso público (nos preocupamos em algum momento em lhes dar a chance de falar? De que meios dispõem para alcançá-lo?). Ser comunista não tinha quase nada a ver com o desejo de ver se instaurar um regime parecido com o da UNIÃO SOVIÉTICA. A política «externa» parecia, a propósito, bem distante, como costuma ser o caso nos meios populares — e ainda mais em relação às mulheres do que aos homens. Era óbvio que se estava do lado soviético contra o imperialismo americano, mas isso não aparecia quase nunca nas conversas. E, mesmo que ficassem desorientados com os golpes do Exército Vermelho contra os países aliados, preferiam evitar falar disso. Em 1968, quando o rádio relatava os eventos trágicos que ocorreram em Praga depois da intervenção soviética, perguntei aos meus pais: «O que está acontecendo?», e me vi expressamente despachado pela minha mãe: «Não pense nisso... Não sei por que isso te interessa...», sem dúvida porque ela não tinha nenhuma resposta para me oferecer e porque estava tão perplexa quanto eu, um rapaz de meros quinze anos. De fato, a adesão aos valores comunistas se relacionava às preocupações mais imediatas e mais concretas. Quando Gilles Deleuze, em seu *Abécédaire*, mostra a ideia de que «ser de esquerda» é «em primeiro lugar perceber o mundo», «perceber o horizonte» (considerar que os problemas urgentes são os do Terceiro Mundo, mais próximos de nós do que os do nosso bairro), enquanto «não ser de esquerda» seria ao contrário se concentrar na rua onde moramos, no país onde vivemos,[17] a definição que ele propõe se situa no extremo oposto daquela que meus pais personificavam: nos meios populares, na «classe operária», a política de esquerda consistia antes de tudo em uma recusa muito pragmática daquilo que se sofria na vida cotidiana. Tratava-se de um protesto, e não de um projeto político inspirado por uma perspectiva global. Olhava-se em torno de si e não ao longe, seja no tempo ou no espaço. E, mesmo que se repetisse com frequência: «O que precisamos é de uma boa revolução», essas expressões prontas estavam mais ligadas à dureza das condições de vida e ao caráter intolerável das injustiças do que à perspectiva de instaurar um sistema político diferente. Já que tudo que acontecia parecia ter sido decidido por poderes ocultos («tudo isso não foi por acaso»), a invocação da «revolução», da qual nunca se perguntava onde, nem quando, nem como irromperia, aparecia como o único recurso — um mito contra outro — capaz de se opor às forças maléficas — a direita, os «ricaços», os «figurões»... que provocavam tanta infelicidade na vida de «gente que não tem nada», de «gente como a gente».

Na minha família, o mundo era dividido em dois campos: os que são «a favor dos operários» e os que são «contra os operários», ou, de acordo com uma variação sobre o mesmo tema, os que «defendem os operários» e os que «não fazem nada pelos operários». Quantas vezes já ouvi essas frases nas quais se resumiam a percepção política e as escolhas que dela resultavam? De um lado havia «nós» e os que estão «conosco»; do outro, estavam «eles».[18]

---

17 Gilles Deleuze, «Gauche», in *L'Abécédaire de Gilles Deleuze*. Paris: Éditions du Montparnasse, 2004, dvd.
18 Sobre essa partilha que ocorreu nas classes populares entre «eles» e «nós», ver Richard Hoggart, *La Culture du pauvre*. Paris: Minuit, 1970, pp. 177 ss. [Ed. port.: Utilização da cultura. Lisboa: Presença, 1973.]

Quem cumpre agora o papel que desempenhava «o Partido»? Para quem os explorados e carentes podem se voltar para se sentirem amparados? A quem podem se referir, em quem podem se apoiar, para se proporcionarem uma existência política e uma identidade cultural? Para se sentirem orgulhosos de si mesmos porque legítimos e legítimos porque legitimados por uma instância poderosa? Ou bem estupidamente: quem leva em conta o que eles são, o que eles vivenciam, o que eles pensam, o que eles querem?

Quando meu pai assistia ao jornal na televisão, seus comentários traduziam uma repulsa hostil à direita e à extrema direita. Em 1965, durante a campanha presidencial, durante e após Maio de 68, ele se indignava sozinho ao ouvir as propostas de Tixier-Vignancour, representante caricatural da velha extrema direita francesa. Quando este denunciou «a bandeira vermelha do comunismo» que estava sendo agitada pelas ruas de Paris, meu pai trovejou: «A bandeira vermelha é a bandeira dos operários». Mais tarde, ele se sentiu igualmente agredido e ofendido pela maneira como Giscard d'Estaing impôs a todos os lares franceses, por intermédio da televisão, seu *ethos* de grande burguês, seus gestos afetados, sua elocução grotesca. Também lançava insultos aos jornalistas que apresentavam os programas políticos, e se deliciava quando aquele que ele considerava o porta-voz do que pensava e sentia— um ou outro apparatchik stalinista com sotaque operário —, ao quebrar as regras do jogo instituído como ninguém jamais ousaria fazer hoje, de tanto que a submissão dos responsáveis políticos e da maior parte dos intelectuais ao poder midiático se tornou total ou quase, e ao falar dos problemas reais dos operários em vez de responder a perguntas de política politiqueira com as quais tentavam contê-lo, fazia justiça a todos aqueles que nunca haviam sido ouvidos nesse tipo de circunstâncias, a todos aqueles cuja própria existência era sistematicamente excluída da paisagem da política legitimada.

4.

Lembro-me do jardim atrás da casa dos meus avós. Não era muito grande, e de cada lado uma grade o separava dos jardins idênticos dos vizinhos. Na extremidade havia uma casinha na qual minha avó, como era o caso na maior parte das casas do bairro, criava coelhos que alimentávamos com capim e cenouras até que acabassem em nossos pratos aos domingos ou feriados... Minha avó não sabia ler nem escrever. Pedia que lêssemos ou escrevêssemos para ela cartas administrativas, quase se desculpando por sua incapacidade: «Sou analfabeta», ela repetia então, com um tom que não exprimia nem raiva nem revolta, somente uma submissão à realidade como ela é, uma resignação, que caracterizava cada um de seus gestos, cada uma de suas palavras, e que, talvez, lhe permitisse suportar sua condição como se aceita um destino inelutável. Meu avô era marceneiro; trabalhava numa fábrica de móveis. Para fechar as contas no fim do mês, ele produzia móveis em casa para os vizinhos. Recebia muitas encomendas do bairro todo, e até de outros lugares, e literalmente se matava com a tarefa para alimentar a família, sem nunca tirar um dia de folga. Ele morreu aos 54 anos, quando eu ainda era criança, de câncer na garganta (essa praga que na época levou muitos operários, que consumiam um número que mal dá para imaginar de cigarros por dia. Três irmãos do meu pai sucumbiriam em seguida, muito jovens, da mesma doença, um outro tendo morrido antes deles vítima do alcoolismo). Quando eu era adolescente, minha avó ficava impressionada com o fato de eu não fumar: «Homem que fuma é mais saudável», ela me dizia, totalmente alienada de todos os estragos que uma crença dessas continuava a infligir ao seu redor. De saúde frágil, ela morreria cerca de dez anos depois de seu marido, sem dúvida de esgotamento: tinha 62 anos e fazia faxina em escritórios para ganhar a vida. Numa noite de inverno, depois do trabalho, escorregou em uma placa de gelo ao voltar para casa — um apartamento minúsculo de dois quartos num conjunto habitacional de baixa renda onde acabou indo morar — e bateu a cabeça com força no chão. Ela nunca se recuperou e faleceu alguns dias após o acidente.

Não há nenhuma dúvida, essa «cidade-jardim» onde meu pai morou antes de meu nascimento, e que constituiu um dos maiores cenários da minha infância já que meu irmão e eu passávamos muito tempo ali, especialmente durante as férias, era um lugar de relegamento social. Uma reserva de pobres, separada do centro da cidade e dos bairros renomados. E, mesmo assim, quando penso nela, me dou conta de que não tinha nada a ver com o que hoje designamos com a expressão «conjunto habitacional». Era uma moradia horizontal, e não vertical: sem prédios, sem torres, nada do que surgiria no final dos anos 1950 e sobretudo ao longo dos anos 1960 e 1970. Isso conservava um caráter humano àquelas áreas nos confins da cidade. Mesmo que a região tivesse má reputação, mesmo que parecesse um gueto deserdado, não era tão desagradável viver ali. As tradições operárias, e sobretudo certos tipos de cultura e solidariedade, não pararam de se desenvolver e se perpetuar ali. Foi por meio de uma dessas formas culturais — o baile popular do sábado à noite — que meus pais se conheceram. Minha mãe não morava longe de lá, num subúrbio mais próximo da cidade, com o companheiro da mãe e ela. Minha mãe e meu pai, como toda a juventude do meio popular na época, adoravam o momento de diversão e de alegria que os bailes de bairro representavam. Eles praticamente desapareceram hoje, e só ocorrem ainda no 14 de Julho ou na véspera. Mas, na época, eram a única «saída» da semana, e a oportunidade de uma reunião entre amigos e encontros sexuais e amorosos. Casais se formavam e se desfaziam. Às vezes duravam. Minha mãe era gamada em outro rapaz, mas ele queria dormir com ela; ela não queria; tinha medo de engravidar e dar à luz um filho sem pai, se este preferisse terminar com ela em vez de aceitar uma paternidade não desejada. Ela não queria colocar no mundo um filho que seria obrigado a viver o que ela mesma tinha vivido, e sofrer o que ela tinha tanto sofrido. O rapaz que o seu coração escolhera a deixou para ficar com outra. Ela conheceu meu pai. Nunca foi apaixonada por ele. Mas disse a si mesma: «Este aqui ou outro…». Ela aspirava ser enfim independente, e isso apenas o casamento lhe permitiria, já que a maioridade então era apenas aos 21 anos. Eles tiveram, aliás, de esperar meu pai alcançar essa idade: minha avó paterna não queria que ele deixasse a casa, porque queria que ele continuasse a «dar seu ordenado» o maior tempo possível. Assim que pôde, ele se casou com minha mãe. Ela tinha vinte anos.

Na época, meu pai era operário — no degrau mais baixo da escala operária — já havia bastante tempo. Ele não tinha nem catorze anos (a escola acabara em junho, ele começara a trabalhar logo em seguida e só três meses depois completaria catorze anos) quando entrou em um ambiente que constituiria o cenário de sua vida e o único horizonte que lhe era disponível. A fábrica o esperava. Ela estava lá para ele; ele estava lá para ela. Como ela esperaria seus irmãos e suas irmãs, que o seguiriam até lá. Como ela esperava e espera sempre os que nasciam e nascem em famílias socialmente idênticas à sua. O determinismo social exerceu sua influência nele desde o nascimento. Ele não escapou daquilo que lhe estava prometido por todas as leis, todos os mecanismos do que só podemos chamar de «reprodução».

Os estudos do meu pai então não foram além do primário. Ninguém imaginava de outro modo, a propósito. Nem seus pais nem ele mesmo. No seu meio, frequentava-se a escola até os catorze anos porque era obrigatório, e deixava-se a escola aos catorze anos porque não era mais. Funcionava assim. Abandonar o sistema escolar não era um escândalo. Pelo contrário! Lembro-me que na minha família ficaram muito indignados quando a frequência passou a ser obrigatória até os dezesseis anos: «Para que fazer as crianças continuarem na escola se elas não gostam, se elas preferem trabalhar?», repetiam, sem nunca se questionarem sobre a distribuição diferenciada desse «gosto» e dessa «falta de gosto» pelos estudos. A eliminação escolar acontece muitas vezes pela autoeliminação e pela reivindicação desta como se fosse uma escolha: estudar mais é para os outros, para os que «têm os meios» e que acabam sendo os mesmos que dela «gostam». O campo das possibilidades — e mesmo o das possibilidades simplesmente concebíveis, sem falar do das possibilidades realizáveis — é estritamente circunscrito pela posição de classe. É como se houvesse uma vedação quase total entre os mundos sociais. As fronteiras que separam esses mundos definem, dentro de cada um deles, percepções radicalmente diferentes do que é concebível ser ou tornar-se, daquilo a que se pode aspirar ou não: sabe-se que, em outras partes, as coisas são diferentes, mas isso acontece em um universo inacessível e distante, e assim não se sente excluído nem privado do que quer que seja, porque não há acesso ao que constitui nessas regiões sociais distanciadas a regra também evidente. É a ordem das coisas e pronto. E não se vê como essa ordem funciona, porque para isso seria preciso poder se ver do exterior, adotar uma visão a cavaleiro da própria vida e da dos outros. É necessário ser deslocado, como foi o meu caso, de um lado para o outro da linha de demarcação a fim de escapar da implacável lógica do que é evidente e perceber a terrível injustiça dessa distribuição desigual de chances e possibilidades. Isso quase não mudou, aliás: a idade de evasão escolar se alterou, mas a barreira social entre as classes continua a mesma. É por isso que toda sociologia ou toda filosofia que pretende colocar no centro de seu projeto o «ponto de vista dos atores» e o «sentido que eles dão às suas ações» corre o risco de ser uma mera estenografia da relação mistificada que os agentes sociais mantêm com suas próprias práticas e seus próprios desejos e, consequentemente, de não ser nada mais do que uma contribuição à perpetuação do mundo como ele é: uma ideologia da justificação (da ordem estabelecida). Somente uma ruptura epistemológica com a maneira como os indivíduos concebem a si mesmos espontaneamente permite descrever, reconstituindo o conjunto do sistema, os mecanismos pelos quais a ordem social se reproduz, e sobretudo a maneira como os dominados ratificam a dominação ao escolher a exclusão escolar à qual estão destinados. A força e o interesse de uma teoria residem precisamente no fato de ela não se contentar nunca em registrar as falas dos «atores» sobre suas «ações», mas estipular como meta permitir que os indivíduos e os grupos vejam e pensem diferentemente o que são e o que fazem, e talvez, assim, mudarem o que fazem e o que são. Trata-se de romper com as categorias incorporadas da percepção e os cenários instituídos da significação, e assim com a inércia social da qual essas categorias e esses cenários são os vetores, a fim de produzir um novo olhar sobre o mundo, e portanto abrir novas perspectivas políticas.

Porque os destinos sociais são traçados cedo! Tudo é lançado antes! Os vereditos são dados antes mesmo que possamos nos dar conta deles. As sentenças são marcadas nas nossas costas, a ferro quente, no momento em que nascemos, e os lugares que ocuparemos são definidos e delimitados pelo que nos precede: o passado da família e do meio nos quais viemos ao mundo. Meu pai nem teve a chance de prestar a prova para o certificado dos estudos primários, o diploma que constituía, para crianças das classes populares, o resultado e o coroamento da escolaridade. As da burguesia seguiam outro percurso: aos onze anos, entravam no liceu. Enquanto os filhos dos operários e dos camponeses ficavam limitados ao ensino primário até os catorze anos e paravam por aí. Tratava-se de evitar qualquer mistura entre aqueles a que se deviam oferecer os rudimentos de um saber utilitário (ler, escrever, contar), indispensável para se virar no cotidiano e suficiente para dar conta das ocupações manuais, e aqueles vindos de classes privilegiadas, a quem era reservado o direito a uma cultura considerada «desinteressada» — a «cultura» simplesmente, a qual se temia que corromperia os operários que a ela tivessem acesso.[19] O certificado avaliava então a

---

19 Cf. Francine Muel-Dreyfus, *Le Métier d'éducateur*. Paris: Minuit, 1983, pp. 46-7.

aquisição de conhecimentos «funcionais» de base (aos que se juntavam alguns elementos de «História da França» — algumas das principais datas da mitologia nacional — e de «Geografia» — a lista dos departamentos franceses e de suas capitais). Ele tinha um caráter seletivo nos meios aos quais estava destinado e nos quais se ficava orgulhoso por tê-lo obtido. Somente a metade daqueles que faziam as provas passava. E eram muitos os que, tendo praticamente abandonado a escola antes da idade legal, não chegavam nem sequer a esse ponto. Foi o caso do meu pai. Também, o que meu pai aprendeu, ele aprendeu sozinho, posteriormente, ao assistir «aulas noturnas», depois de suas jornadas de trabalho, na esperança de subir alguns degraus na escala social. Durante algum tempo ele sonhou em virar desenhista industrial. Mas rapidamente foi lembrado da realidade: não tinha a formação inicial necessária e, sobretudo, não devia ser fácil se concentrar depois de passar o dia inteiro na fábrica. Ele foi forçado a abandonar e a renunciar às suas ilusões. Guardou por muito tempo algumas grandes folhas quadriculadas, cobertas de esquemas e gráficos — cadernos de exercícios? —, que de vez em quando tirava de uma pasta para olhar ou nos mostrar, antes de colocar de novo no fundo da gaveta onde jaziam suas finadas esperanças. Não apenas continuou a ser operário, como teve de sê-lo duplamente: quando eu era bem pequeno, ele começava seu dia de manhã muito cedo trabalhando em uma fábrica até o início da tarde, e ia no fim da tarde para outra fábrica acrescentar algumas horas ao seu salário. Minha mãe ajudava como podia, se cansando na faxina e lavando roupas (as máquinas de lavar ainda não existiam, ou eram extremamente raros os que tinham acesso a elas, e lavar as roupas de outras pessoas era uma forma de conseguir um pouco de dinheiro e aumentar a renda da família). Ela só foi trabalhar em uma fábrica quando meu pai passou por um longo período de desemprego, em 1970, onde ela continuou trabalhando mesmo depois que meu pai conseguiu de novo um trabalho (e hoje entendo que ela ia trabalhar na fábrica para que eu pudesse fazer os exames e entrar na universidade. Nunca tinha aventado a ideia naquele momento — ou a reprimi muito fundo na minha consciência quando minha mãe evocava a possibilidade, e, na verdade, ela a evocava com frequência — de que eu poderia me incumbir de ganhar a vida para ajudar minha família). Meu pai continuava repetindo que não era «papel da mulher ir trabalhar na fábrica», sentindo-se atingido em sua honra masculina por não estar à altura de arcar sozinho com as necessidades de sua casa, e teve de se resignar e aceitar que minha mãe virasse «operária», com todas as conotações pejorativas que essa palavra carregava: mulheres «descaradas» com uma fala «bruta», que talvez fossem para a cama «a torto e a direito», em suma, «vagabundas»... Essa representação burguesa da mulher do povo que trabalha fora em lugares onde convive com operários era amplamente compartilhada pelos homens da classe operária, que não gostavam de modo algum de perder o controle de suas esposas ou parceiras durante várias horas por dia e ainda eram aterrorizados pela imagem repugnante da mulher emancipada. Annie Ernaux escreve sobre sua mãe, que trabalhara em uma fábrica quando era bem jovem, dizendo que ela insistia em ser considerada «operária, *mas* séria». No entanto, o simples fato de trabalhar com homens era suficiente para «impedir que a considerassem o que ela aspirava a ser, 'uma jovem direita'».[20] A situação era a mesma para as mulheres mais velhas: o trabalho que faziam

---

20   Annie Ernaux, *Une femme,* op. cit., p. 33.

era suficiente para render-lhes uma má reputação, quer praticassem ou não a liberdade sexual da qual eram suspeitas. O que levava meu pai a ir com frequência, na hora da saída da fábrica, ao café que ficava bem ao lado para ver se ela parava ali às escondidas e surpreendê-la se fosse o caso. Mas ela não frequentava nem aquele café nem outros. Ia para casa fazer o jantar depois de fazer as compras. Como todas as mulheres que trabalham, era obrigada a ter uma dupla jornada.

Somente muito mais tarde é que meu pai conseguiu subir alguns degraus, se não na hierarquia social, ao menos na fabril, passando por etapas da categoria de peão à de operário qualificado e, finalmente, à de supervisor. Ele já não era um operário. Supervisionava os operários. Ou, mais precisamente, chefiava uma equipe. Ele extraía desse novo status um orgulho ingênuo, uma imagem de si mais valorizadora. Claro, eu achava isso tudo risível... eu que, tantos anos depois, ainda corava de vergonha quando precisava, para conseguir um ou outro documento oficial, fornecer uma cópia da certidão de nascimento na qual figuravam a profissão inicial do meu pai (peão) e da minha mãe (faxineira), e que não podia conceber que eles tivessem desejado tanto subir de condição, por pouco que fosse aos meus olhos, quando já era muito da perspectiva deles.

Meu pai trabalhou então em fábricas dos catorze aos 56 anos, quando foi enquadrado em «aposentadoria antecipada», sem que lhe perguntassem o que ele achava, no mesmo ano em que minha mãe (aos 55 anos), os dois rejeitados pelo sistema que os havia explorado tão descaradamente, ele desamparado por se encontrar desempregado, ela bastante feliz por deixar um local de trabalho em que as tarefas eram exaustivas — a um ponto inimaginável para os que nunca as experienciaram — e em que o barulho, o calor, a repetição diária dos gestos mecânicos lentamente roíam os organismos mais resistentes. Estavam cansados, desgastados. Minha mãe não tinha contribuído para a previdência por tempo suficiente, pois seu trabalho como faxineira não era sempre declarado, portanto o montante de sua aposentadoria estava desfalcado, o que limou parte substancial de suas rendas. Eles reinventaram a vida como puderam. Passaram, por exemplo, a viajar mais frequentemente graças à cooperativa de trabalhadores da antiga fábrica do meu pai, indo passar um fim de semana em Londres, uma semana na Espanha ou na Turquia... Eles não se amavam mais do que antes; tinham simplesmente encontrado um *modus vivendi*, ambos acostumados um ao outro e ambos sabendo que apenas a morte de um deles os separaria.

Meu pai era faz-tudo, e sentia orgulho de suas habilidades nesse âmbito, assim como tinha orgulho do trabalho manual em geral. Ele se satisfazia com essas atividades, às quais dedicava todo o seu tempo livre, e sabia que eram obras finas e as apreciava. Quando eu estava no liceu, no primeiro ou no segundo ano, construiu para mim uma escrivaninha reformando uma mesa velha. Ele instalava armários, consertava qualquer coisa que precisasse no apartamento. Já eu não sabia fazer nada com os meus dez dedos. E nessa incapacidade desejada — não poderia ter me decidido a aprender alguma coisa com ele? — eu investia toda a minha vontade de não me parecer com ele, de me tornar socialmente diferente dele. Mais tarde eu descobriria que certos intelectuais adoravam mexer com essas coisas e que podemos amar os livros — lê-los e escrevê-los — e ao mesmo tempo apreciar atividades práticas e manuais. Essa descoberta me deixou profundamente perplexo: um pouco como se toda a minha personalidade se visse questionada pela desestabilização do que eu tinha durante muito tempo visto e vivido como um binarismo fundamental, constitutivo (mas, em realidade, apenas constitutivo de mim mesmo). Aconteceria a mesma coisa com os esportes: o fato de certos amigos meus adorarem assistir a partidas na televisão me incomodava profundamente, provocando o colapso de uma evidência cuja força me tinha sido imposta, pois para mim se definir como um intelectual, desejar sê-lo, tinha precisamente passado pelo detestar das noites em que assistíamos aos jogos de futebol na televisão. A cultura esportiva, o esporte como o único centro de interesse — dos homens, pois, para as mulheres, o interesse era mais pelas notícias cotidianas —, tantas realidades que eu me empenhava em depreciar, com muito desdém e um sentimento de superioridade. Levou tempo para que eu desconstruísse todas essas barreiras que tinham permitido que eu me tornasse o que me tornei, e reintegrasse em meu universo mental e existencial todas essas dimensões que eu havia excluído.

Quando eu era criança, meus pais andavam de mobilete. Eles levavam meu irmão e eu em cadeirinhas infantis instaladas na traseira. Isso podia ser perigoso. Em uma curva, certo dia meu pai derrapou nos cascalhos e meu irmão quebrou a perna. Em 1963, eles tiraram a habilitação e compraram um carro usado (um Simca Aronde preto contra o capô do qual apareço inclinado, aos doze ou treze anos, em várias fotografias que a minha mãe me deu). Minha mãe passou na prova antes do meu pai. E ele, que achou desonrosa a ideia de se sentar ao lado da esposa ao volante, preferiu, para evitar essa situação infame, dirigir sem habilitação por um tempo.

Ficava literalmente louco — e maldoso — quando minha mãe exprimia sua preocupação e manifestava seu desejo de tomar o que ele considerava ser o seu lugar. Depois, tudo voltou à ordem: era sempre ele quem dirigia (mesmo quando bebia demais, ele não queria que fosse ela). Depois daquela aquisição, fazíamos piqueniques, aos domingos, no bosque ou nos campos nos arredores da cidade. No verão, é claro que nunca saíamos de férias. Não tínhamos dinheiro. Nossas viagens se limitavam a visitas de um dia a uma cidade da região: Nancy, Laon, Charleville... Até cruzávamos a fronteira da Bélgica — havia uma cidade chamada Bouillon (um nome que aprendemos a associar com Godefroy de Bouillon da aventura das Cruzadas, mas que hoje em dia associo mais intencionalmente à ópera de Cilea, *Adrienne Lecouvreur*, e à grandiosa e terrível personagem da princesa de Bouillon). Visitávamos o castelo, comprávamos chocolate e suvenires. Não podíamos ir além. Só conheci Bruxelas anos depois. Uma vez fomos até Verdun, e me lembro da visita lúgubre e assustadora do ossário de Douaumont, onde estão recolhidos os restos mortais de soldados que pereceram nas batalhas que ocorreram ali durante a Primeira Guerra Mundial. Tive pesadelos por um bom tempo. Íamos também a Paris visitar minha avó materna. Os engarrafamentos parisienses sempre provocavam ataques de raiva assustadores no meu pai, que balançava a perna, desferia xingamentos, vociferava sem que se soubesse de fato por que ele estava naquele estado, o que acabava sempre em discussões intermináveis com a minha mãe, que tinha pouca paciência com o que ela chamava de «teatro» dele. Era a mesma coisa na estrada: se errava o caminho ou perdia uma entrada, ele começava a gritar como se a sua vida e as nossas dependessem disso. O mais frequente, no entanto, quando o tempo estava bom, era irmos às margens do Marne, perto dos vilarejos da Champagne, onde dedicávamos horas à atividade de lazer favorita do meu pai: a pesca. Virava outro homem, e uma ligação se instaurava entre ele e os filhos: ele ensinava todos os gestos e técnicas necessários, dava conselhos e passávamos o dia comentando o que acontecia ou o que não acontecia: «estão mordendo mesmo a isca hoje», ou: «hoje não estão pegando nada», especulávamos por que, culpando o calor ou a chuva, a precocidade ou o atraso da temporada... Às vezes encontrávamos lá minhas tias e meus tios com seus filhos. À noite, comíamos os peixes que tínhamos pescamos. Minha mãe os limpava, passava na farinha e os jogava na frigideira. Nós nos regalávamos com essas frituras. Mas isso logo me pareceu ridículo e enfadonho. Eu queria ler, e não perder tempo segurando uma vara de pesca, vigiando as oscilações de uma rolha na superfície da água. Passei também a detestar toda a cultura e as formas de sociabilidade ligadas a esse passatempo: a música no transistor, o bate-papo desinteressante com as pessoas que encontrávamos, e a divisão rigorosa de trabalho entre os sexos — os homens pescavam, as mulheres tricotavam, liam fotonovelas ou cuidavam das crianças, preparavam a refeição... Parei de ir com os meus pais. Para me inventar, eu tinha, antes de tudo, de me dissociar.

II.

1.

Sua mãe ainda não tinha dezessete anos quando minha mãe nasceu. O jovem com quem ela tinha «pecado» não devia ser muito mais velho. Minha avó foi expulsa de casa pelo pai quando ele percebeu que ela estava grávida: «Suma daqui com o seu bastardo! E que os dois vão para o inferno!», ele gritou. Ela foi embora. E, pouco tempo depois, recebeu a própria mãe (por razões que ignoro, mas sem dúvida por não ter aceitado nunca mais ver a filha e ter deixado então o marido). O amante da moça tão jovem não suportou por muito tempo essa situação — o apartamento deles devia ser apertado — e lhe disse: «Escolha, sua mãe ou eu». Ela escolheu a mãe; ele a deixou e não deu mais notícias. Ele não tomou conta da criança portanto mais do que alguns meses, e desapareceu da vida da minha mãe, a «bastarda», antes que ela tivesse idade para ter lembranças dele. Pouco tempo depois minha avó se juntou com outro homem, com quem ela teria mais três filhos. Minha mãe viveu com eles até a guerra, que convulsionaria sua vida para sempre. Mais tarde, ela suplicou à sua mãe para dizer o nome daquele que ela não tinha conhecido, perguntando se ela sabia o que tinha acontecido com ele, mas nunca obteve outra resposta além da seguinte frase: «Não adianta nada revirar o passado». As únicas informações de que ela dispõe sobre seu pai é que ele era muito bonito e que era pedreiro. E também que era espanhol. «Andaluz», ela me confirmou muito recentemente. Cigano, ela gosta de imaginar, como se essa maneira de escrever um romance familiar lhe tornasse suportável a dor de ter sofrido todas as consequências nefastas ligadas a esse estatuto de filha sem pai (ela evoca de bom grado a ferida ainda aberta que lhe infligiram as zombarias da professora quando, ainda bem pequena, na escola, a uma pergunta rotineira ela respondera que não tinha pai: «Todo mundo tem um pai...», foi censurada numa zombaria cruel. Mas ela, justamente, não tinha). De qualquer maneira, não é impossível que essa fábula cigana seja verdadeira. Ao ver fotos minhas aos quinze ou dezesseis anos, a pele morena, os cabelos pretos, longos, encaracolados, cheguei a pensar que tinha carregado essa herança genética. Há alguns anos, graças às viagens organizadas pela cooperativa da fábrica onde meu pai tinha trabalhado, minha mãe foi com ele para a Andaluzia. Quando o ônibus se aproximou de Granada, ela sentiu um sobressalto de emoções: «Era muito estranho, eu fiquei arrepiada», me contou. «Não sei o que aconteceu, mas é sem dúvida porque era a minha terra. Além disso, teve um almoço no restaurante com ciganos tocando violão, e um deles se sentou do meu lado e me disse: 'Você é das nossas'».

Eu nunca tinha aderido a essa mística das origens — a qual não entendo muito bem a que fantasia de transmissão biológica ou a que psicologia das profundezas familiares pertence — mas tenho consciência de que minha mãe sempre viveu com dificuldade, até hoje, o fato de não poder ter conhecido o pai, e que inventou, a partir de elementos reais, uma Espanha que depositou no fundo de si mesma como um raio de sol para salvá-la das brumas do Norte e das realidades sombrias de sua existência. Não foi com riqueza que ela sonhou toda a vida, mas com luz e liberdade. Uma liberdade para qual a possibilidade de seguir os estudos talvez lhe tivesse dado acesso. «Eu adoraria ter virado professora», diz ela hoje, porque, «naquela época, era o que podíamos fazer depois dos estudos quando se era moça». Suas ambições eram bem limitadas. Elas se revelaram, no entanto, irrealistas. Quando chegou ao ponto de entrar no liceu, o que era tão incrível para alguém do seu meio — ela era uma aluna muito boa e tinha até conseguido uma licença para entrar no sexto ano aos dez anos em vez de onze —, a sua família teve de deixar a cidade: a população foi convocada a evadir diante do avanço das tropas alemãs. Ônibus transportaram os habitantes para o sul. Não ficou ninguém além dos que tinham a intenção de pilhar as casas e dos que queriam proteger seus bens contra essas pilhagens (é assim que minha mãe comenta esse episódio sinistro). Esse périplo os levou à Borgonha, onde foram acolhidos numa fazenda.

Durante o tempo que passaram ali, minha avó ajudou, desde de manhã bem cedo até tarde da noite, nos trabalhos do campo. As crianças se ocupavam como podiam, brincando no pátio ou ajudando nas tarefas domésticas. Depois do armistício, todo mundo voltou. Minha avó conseguiu um emprego em uma metalúrgica. Quando solicitaram voluntários para trabalhar na Alemanha, ela se candidatou. Deixou seu companheiro e entregou seus quatro filhos a uma família de criação. Depois de alguns meses, parou de mandar dinheiro, e essa família colocou os dois meninos e as duas meninas na casa de caridade onde eram recolhidos órfãos e crianças abandonadas. Para minha mãe, não estava mais em jogo entrar no liceu. Ela passou e obteve seu certificado de estudos, do qual sentiu — e ainda sente — um grande orgulho, e, imediatamente depois, foi «colocada como doméstica». Ao completar catorze anos, de fato, a instituição de caridade punha para trabalhar as crianças pelas quais era responsável:

numa fazenda para os meninos (e esse foi o caso de seu irmão mais velho), como empregada doméstica para as meninas.

Minha mãe trabalhou primeiro na casa de um casal de professores. Boas pessoas, que se afeiçoaram por ela. Deles ela guarda uma lembrança repleta de reconhecimento: enquanto trabalhou ali, pagaram aulas de taquigrafia para ela, com a ideia de que poderia se tornar secretária. Minha mãe se sobressaiu. Ela teria adorado continuar, porque um ano não era suficiente para obter benefício profissional. Mas um ano era a duração máxima que a caridade deixava suas jovens meninas em cada «colocação». Elas tinham de trocar de empregador em seguida. E minha mãe teve de mais uma vez renunciar a seus sonhos. Ela era uma «doméstica prendada», e uma «doméstica prendada» ela haveria de permanecer.

É claro que não era uma profissão fácil. E o assédio sexual era uma das regras praticamente instituídas. Acontecia várias vezes de o marido da mulher que a contratara propor discretamente um encontro. E, como minha mãe não ia, era despedida no dia seguinte pela patroa, a quem o marido contara que ela tinha tentado seduzi-lo. Uma vez o pai da sua empregadora chegou por trás dela e colocou as mãos em seus seios. Ela se livrou com um gesto brusco, mas se privou de reclamar para não se ver mais uma vez sem emprego e obrigada a procurar outro: «Ninguém teria acreditado em mim. Eu, uma pobre empregadinha, contra um industrial rico da cidade», ela me confidenciou quando aceitou esboçar para mim esse passado, do qual pude constatar que ela nunca falava sem ser imediatamente inundada, sessenta anos depois, por uma raiva fria e triste. E depois, acrescentou, «essas coisas aconteciam o tempo todo, mas a gente ficava quieta. Naquela época, não era como agora, as mulheres não tinham direito nenhum... Eram os homens que faziam a lei». Aos dezesseis ou dezessete anos, ela já sabia o que são e quanto valem os homens, e, quando se casou, foi sem grandes ilusões sobre eles em geral e sobre aquele em particular com quem se casaria.

Quando minha avó retornou à França depois de sua estadia na Alemanha, ela voltou a se instalar com seu companheiro de antes da guerra e recuperou os três filhos que tivera com ele. Mas não a primogênita, que nem procurou saber onde estava ou o que fazia. No entanto, antes da guerra, minha mãe, que desde então morava na casa de seus empregadores, tinha vivido com eles dois e também com seus dois meios-irmãos e sua meia-irmã. E tinha ardentemente desejado poder considerar o padrasto como pai. Ele era carvoeiro: passava nas ruas numa carroça puxada por um cavalo e gritava: «Carvão! Carvão!», e os que queriam comprar os sacos o chamavam da janela. Depois da guerra, ele continuou a exercer essa profissão, mas a carroça e o cavalo foram substituídos por uma caminhonete. Quando minha avó se casou com ele, em 1946, não se deu ao trabalho de convidar a primogênita para o casamento. Minha mãe ficou sabendo pelo irmão, com quem mantinha contato. Pouco tempo depois, sentindo-se contudo bastante sozinha e infeliz, decidiu rever aquela que a tinha tratado de maneira tão horrível («Ela ainda era minha mãe, e eu não tinha mais ninguém»). Mas ela não estava em casa. Tinha ido para a região parisiense, onde morava sua irmã, levando com ela seus outros filhos. Em Paris, ou melhor, na comuna do subúrbio para onde tinha se mudado, ela multiplicou, ao que parece, as aventuras amorosas e sexuais. «Uma destruidora de lares», essa foi a forma como alguém a descreveu um dia para a minha mãe. Não obstante, ela voltaria a Reims. Viveria novamente com o marido. Minha mãe acabou se mudando para a casa deles:

aos dezoito anos ela tentou de fato voltar para a casa da mãe. Que a aceitou. Que a «aceitou de volta», como ela disse. Minha mãe perdoou tudo. Estava contente por finalmente ter se reintegrado à família. Mas nunca esqueceu completamente a indiferença que sua mãe havia manifestado a seu respeito, e que os tormentos da guerra não eram suficientes para justificar. No entanto, quando, cinquenta anos mais tarde, minha avó teve de deixar o modesto apartamento em que morava numa rua pobre de Barbès, no coração da parte mais popular do 18º arrondissement de Paris, porque era cada vez mais difícil para ela se virar sozinha, foi minha mãe quem encontrou um conjugado em Reims e que cuidou dela. Quando perdeu sua autonomia física, e ficou quase impossibilitada de se locomover, e insistiu em voltar a Paris, onde queria terminar seus dias, foi outra vez minha mãe quem achou uma casa de repouso. E, como sua renda não era suficiente para pagar o que o estabelecimento cobrava, minha mãe e eu cobrimos até a sua morte o grosso dos custos que a ajuda social não assumia.

Por muito tempo ignorei tudo — ou quase tudo — sobre essa história da minha mãe durante a guerra e depois da guerra. Quando era garoto e depois adolescente, nos anos 1960 e 1970, eu gostava muito da minha avó. Ela morava então em Paris (de fato, desde que a conheci ela morava em Paris, cidade que amava e onde tinha se estabelecido em meados dos anos 1950, deixando definitivamente seu marido de Reims). Ela era zeladora. No 13º arrondissement (rue Pascal), depois em uma rua estreita dos Halles, que era ainda Les Halles (a rue Tiquetonne, irreconhecível hoje em dia). Foi em seguida zeladora em um bairro mais burguês, o 12º arrondissement (rue Taine), antes de se aposentar e se mudar para um apartamento em Barbès. Ela vivia com outro homem, que eu sempre chamei de «meu avô» — a família verdadeira e a família biológica, sem falar da família legal, coincidem com menos frequência do que pensamos, e as famílias «recompostas» não esperaram os anos 1990 para existir. Nesse mundo operário, as estruturas conjugais e familiares foram, por muito tempo — para o bem ou para o mal —, marcadas pela complexidade, multiplicidade, pelas rupturas, escolhas sucessivas, reorganizações etc. (com os casais vivendo «amigados», com crianças de «várias camas», homens e mulheres casados vivendo, cada um em seu canto, com outras mulheres e outros homens sem estarem divorciados...). Minha avó e seu novo companheiro nunca se casaram. E minha avó nem mesmo chegou a se divorciar daquele com quem tinha se casado em 1946, e que só morreu nos anos 1970 ou 1980, mas que ela já não via havia muito tempo. Quando eu era adolescente, e mesmo mais tarde, sentia vergonha dessa situação familiar um tanto «problemática»: eu mentia sobre a idade da minha avó e da minha mãe para que ninguém calculasse que minha mãe nascera quando a sua tinha dezessete anos; falava como se aquele que eu chamava de avô fosse o segundo marido da minha avó... A ordem social deixa a sua marca em todos. E aqueles que adoram que tudo seja «regrado», cheio de «sentido» e de «base» podem contar com essa adesão à norma inscrita desde a primeira infância no fundo de nossas consciências pela aprendizagem do mundo social e com o constrangimento — a vergonha — que sentimos quando o ambiente no qual nos deslocamos contradiz esse belo ordenamento legal e político, representado por toda a cultura circundante ao mesmo tempo como a única realidade que se pode viver e como o ideal a alcançar, mesmo que essa norma familiar — essa família normativa — não corresponda em nada às vidas reais. Sem dúvida, os sentimentos de desgosto que hoje me inspiram aqueles e aquelas que tentam impor a sua definição do que é um casal, do que é uma família, da legitimidade social e legal reconhecida para uns e recusada para outros etc. e que invocam modelos que nunca existiram fora de sua imaginação conservadora e autoritária devem muito de sua intensidade a esse passado em que as formas alternativas eram condenadas a serem vividas na consciência de cada um como desviantes e anormais, e assim inferiores e vergonhosas. O que explica sem dúvida também por que desconfio do mesmo modo das injunções à anormalidade que nos são dirigidas pelos proponentes — no fundo também muito normativos — de uma não normatividade erigida em «subversão» prescrita, tanto quanto pude constatar ao longo da minha vida a que ponto normalidade e anormalidade eram realidades ao mesmo tempo relativas, relacionais, móveis, contextuais, imbricadas uma na outra, sempre parciais... e a que ponto também a ilegitimidade social podia produzir devastações psíquicas naqueles que a vivem na inquietude ou na dor, e engendrar então uma aspiração profunda a entrar no espaço do legítimo e do «normal» (a força das instituições residindo em grande parte nessa desejabilidade).[21]

O avô que conheci nos anos 1960 (não coloco aspas na palavra avô, porque ele era efetivamente meu avô, uma vez que a família, sendo ou não legalmente conforme aos decretos dos proponentes da ordem social, é sempre o fruto

---

21   Talvez seja isso o que explica que os costumes maleáveis e flexíveis possam coabitar, nas classes populares, com uma moral bastante rigorosa. E é essa mistura de plasticidade nas práticas e de rigidez na ideologia que torna muito notáveis os mexericos, as fofocas, o disse me disse.

da vontade e da decisão, e, em todo caso, da prática efetiva) exercia a profissão de limpador de vitrines. Ele circulava de mobilete com sua escada e seu balde, e ia limpar os vidros dos cafés ou das lojas situadas às vezes bem longe do lugar onde morava. Um dia eu caminhava pelo centro de Paris e ele passou por lá, me viu e parou no meio-fio, feliz com esse encontro fortuito. Já eu estava envergonhado, aterrorizado com a ideia de que podiam me ver com ele, empoleirado em sua estranha carriola. O que eu haveria de responder se alguém me perguntasse: «Quem era aquele homem com quem você estava conversando?». Nos dias que seguiram, eu me sentia mal por estar ligado a um sentimento tão esmagador de consciência pesada: «Por que», eu me repreendia, «não ousar assumir o que eu sou? Por que a convivência em um mundo burguês ou pequeno-burguês tinha me levado a renegar assim minha família e ter vergonha dela a esse ponto? Por que interiorizei em todo meu corpo as hierarquias do mundo social quando, intelectual e politicamente, proclamo combatê-las?». Ao mesmo tempo, eu maldizia minha família por ser o que era: «Que azar», eu repetia, «ter nascido nesse ambiente». Oscilando de um humor a outro, ora me culpava, ora os culpava (mas eles eram responsáveis? E por quê?). Eu estava dilacerado. Insatisfeito comigo mesmo. Minhas convicções estavam balançadas com minha integração ao mundo burguês, a crítica social que eu reivindicava via-se em conflito com os valores que me eram impostos, não posso nem dizer «a contragosto», já que nada me prendia a eles, além de minha submissão voluntária às percepções e aos julgamentos dos dominantes. Politicamente eu estava do lado dos operários, mas eu detestava meu ancoramento em seu mundo. Situar-me no campo do «povo» suscitaria sem dúvida em mim menos tormentos interiores e crises morais se o povo não fosse minha família, isto é, meu passado e portanto, apesar de tudo, meu presente.

Meu avô bebia muito («o chumbado», diziam dele), e, após alguns copos de vinho tinto barato, ele se lançava a tiradas intermináveis, com esse linguajar inventivo que caracterizava então a eloquência popular e da qual encontramos hoje o equivalente na «gíria» dos adolescentes dos subúrbios. A ele não faltava cultura, ele sabia muitas coisas e, acreditando saber ainda mais, nunca recuava ante uma afirmação peremptória — que se revelava frequentemente distorcida. Ele era comunista como os burgueses são de direita: aquilo lhe parecia natural, como um elemento do pertencimento de classe recebido no nascimento com a herança genética. Como meu pai, antes de ter deixado de ser, e mesmo depois de ter deixado de ser, já que, de certa maneira, sempre foi, ele começava frequentemente suas frases com «A gente, os operários...». Ele me contou um dia que, circulando no boulevard Saint-Germain, às cinco horas da manhã, para ir ao trabalho, alguns burgueses embriagados, saindo de uma noitada ou de uma casa noturna e caminhando pela calçada, gritaram para ele: «Pobre filho da puta!». Quando ele falava de luta de classes, tinha um sentido muito concreto. Ele sonhava em voz alta com a revolução por vir. Quando me mudei para Paris, costumava almoçar sempre com a minha avó e com ele aos domingos. Meus pais também vinham de Reims para se juntar a nós, às vezes com meus dois irmãos mais novos. Mas eu teria me sentido mortificado se as pessoas que conhecia, e, mais tarde, aqueles com quem eu trabalhava, soubessem onde eles moravam. Eu era mais que discreto a esse respeito, e, quando me faziam perguntas, me esquivava ou mentia.

Eu bem sentia que existia uma tensão entre a minha avó e a minha mãe. Mas só conheci as razões quando minha avó morreu. Minha mãe se pôs a me contar então o que ela tinha sempre mais ou menos mantido em silêncio: o abandono, o orfanato, a recusa da mãe em cuidar dela depois da guerra... Ela nunca havia falado sobre isso com ninguém. «Foi o meu subconsciente que ocultou», ela se justificou, usando surpreendentemente o vocabulário da vulgata psicanalítica que devia ouvir na televisão, o que sem dúvida mostra que ela sempre se lembrava, mas preferia guardar seu segredo, mesmo sem conseguir deixar de fazer alusões a isso de tempos em tempos (quando eu era criança, por exemplo, e por uma razão ou outra me queixava, ela se impunha: «Você prefere então ser criado na casa de caridade?»). Mas, como se a história de uma família não fosse mais do que uma sucessão de vergonhas encaixadas umas nas outras, e mais ou menos caladas tanto no interior como no exterior do círculo familiar, ela acrescentou outra revelação, que deu uma cor ainda mais escura a esse quadro já bem sombrio. Ela mesma não soubera de nada até que seu irmão, para explicar por que havia se recusado a pagar sua parte na hospedagem da minha avó no lar de idosos, lhe lembrou que ela os tinha abandonado e lhe contou outros eventos que ela desconhecia. Minha mãe só me contou essa história alguns meses mais tarde, depois da morte da sua mãe. Será que se sentiu livrada ao despejar sobre mim, de uma vez, o que ela sempre nos escondera da sua infância e o que ela acabava de saber sobre sua própria mãe? Refleti sobre essa mulher estranha que tinha sido minha avó. Apesar de sua gentileza, ela tinha uma dureza que transparecia em seus olhos, se mostrava às vezes nas entonações de sua voz. Sem dúvida ela nunca se esquecera dessa viagem apavorante, dos gritos, dos tiros, talvez. E das semanas que seguiram, do tempo até seu cabelo voltar a crescer, que os vizinhos acabassem por não pensar mais nisso, e que esse drama se reduzisse então a um rumor que ressurgiria de tempos em tempos nas conversas a seu respeito. Ela amava «cair na desbunde», o que, se traduzo corretamente essa expressão empregada por minha mãe a seu respeito, significa que ela queria ser uma mulher livre, que adorava sair à noite, que se dava aos prazeres, à sexualidade, que passava de um homem a outro, sem ter muita intenção de se apegar, de se fixar por muito tempo. Seus filhos eram sem dúvida para ela um constrangimento, e a maternidade mais um destino sofrido do que uma escolha de vida. Na época, a contracepção não estava disponível. E o aborto podia levá-la à prisão. E foi o que aconteceu com ela depois da guerra: ela foi condenada a uma pena de prisão por ter abortado. Quanto tempo ela ficou encarcerada? Não sei. Minha mãe não sabe. Os homens podiam seguramente viver sua sexualidade como quisessem. As mulheres, não. Sem dúvida existia nos meios operários certa liberdade sexual, ou, em todo caso, uma liberdade, se comparada às regras da moral burguesa, o que levava precisamente os defensores dessa moral a denunciar as vidas dissolutas daqueles que gostavam de viver de modo diferente. Para as mulheres, essa escolha de uma vida livre pressupunha muitos riscos.

O que aconteceu depois do armistício, em 1940, quando a região foi ocupada pelo exército alemão? Não somente minha avó, aos 27 anos, foi voluntariamente trabalhar na Alemanha, mas foi também acusada em seguida de ter tido — será verdade, será mentira? — uma ligação com um oficial alemão... Eu tento imaginar: seu desejo de sobreviver, de ter o que comer, de não conhecer a miséria ou as dificuldades de conseguir provisão. Quem era esse soldado inimigo? Ela estava apaixonada por ele? Ou procurava simplesmente garantir uma vida melhor do que aquela que tinha vivido até então? Essas duas explicações não se excluem. E como ela decidiu abandonar seus filhos ao mesmo tempo que seu companheiro? Nunca terei uma resposta para essas perguntas. Assim como não saberei o que ela passou ao sofrer as consequências de suas escolhas e como se assemelhou a uma «vítima», «de vestido rasgado», lastimada por Éluard num célebre poema sobre a tristeza e o «remorso», essa «infeliz que resta sobre o pavimento», «destituída, desfigurada».[22]

---

22 Paul Éluard, «Comprenne qui voudra», in *Au rendez-vous allemand*. Paris: Minuit, 1945.

2.

Na Liberação, minha avó conheceu então a sorte reservada àquelas que não tinham medido o alcance e as consequências de seus atos. Ela estava sozinha naquele instante que para ela deve ter durado uma «eternidade», quando foi submetida a essa «justiça precipitada e imbecil», segundo as palavras de Duras em *Hiroshima, meu amor*, e a esse «absoluto de horror e idiotice»?[23] Ou aquilo aconteceu durante um desses castigos coletivos cujas imagens às vezes se interpõem em documentários sobre o fim da guerra e em que vemos grupos de mulheres obrigadas a desfilar sob os escárnios, os insultos e os escarros da multidão? Não sei. Minha mãe não me falou mais sobre isso. Disse que ela não sabia mais. Somente esses fatos brutos e brutais: seu irmão tinha contado que a mãe teve a cabeça raspada. Depois da época da derrota e da Ocupação, a nação se reerguia em sua força viril ao punir as mulheres e seus desvios sexuais, reais ou supostos, e ao reafirmar o poder dos homens sobre elas.[24]

Desde então, sempre que me aconteceu de ter sob os olhos fotografias mostrando uma dessas cenas de

---

23   Marguerite Duras, *Hiroshima mon amour*. Paris: Gallimard, «Folio», 1972.
24   Cf. Fabrice Virgili, *La France «virile». Des femmes tondues à la Libération*. Paris: Payot, 2000.

humilhação — já que se sabe que muitos dos colaboradores de alto nível, em tantos meios burgueses, por exemplo, não conheceram nem o desacato, nem a degradação, nem a violência da vingança pública —, não consegui deixar de procurar se havia indicação de onde o clichê tinha sido tirado, me perguntando: quem sabe minha avó é uma delas? Quem sabe um desses rostos aflitos, um desses olhares assustados seja o seu? Como ela conseguiu esquecer? Quanto tempo levou para «sair da eternidade» (Duras, outra vez)? É claro, eu preferia ter descoberto que ela tinha sido da resistência, que tinha escondido judeus colocando sua vida em risco, ou simplesmente que tinha sabotado peças na fábrica em que trabalhava, ou qualquer outra coisa de que podemos nos orgulhar. Sonhamos sempre em ter tido uma família gloriosa, seja qual for o título de glória. Mas não podemos mudar o passado. Podemos no máximo nos perguntar: como lidar com nossa relação com uma história da qual nos envergonhamos? Como se virar com esses horrores de outrora, quando não podemos escapar da evidência de que nos inserimos, a despeito de nós mesmos mas apesar de tudo, nessa genealogia? Eu poderia me satisfazer em imaginar que tudo aquilo para mim não contava, já que só soube há tão pouco tempo (como eu a teria encarado se soubesse disso? Teria ousado tocar no assunto com ela? A emoção me toma hoje quando me faço essas perguntas). Mas toda esta sequência — o abandono dos filhos pela minha avó, sua estadia na Alemanha etc. — teve tanta repercussão na vida da minha mãe e na maneira como se formaram a sua personalidade, sua subjetividade, que é impossível para mim não concluir, como consequência, que tudo aquilo teve igualmente uma grande repercussão em meus anos de juventude e naqueles que os seguiram.

E assim minha mãe não estudou. Ela ainda sofre com isso. «É por causa da maldição lançada contra minha mãe e eu», adianta-se ela, para explicar todas essas infelicidades, todas essas dores. A vida inteira carregou consigo este drama pessoal: ela poderia ter se tornado outra coisa além do que lhe foi prometido, mas a guerra destruiu seus sonhos de infância. Sabendo que era inteligente, nunca conseguiu admitir essa injustiça. Um dos principais efeitos dessa fatalidade foi o de não poder aspirar a «encontrar alguém melhor» do que o meu pai. Mas as leis da endogamia social são tão fortes quanto as da reprodução escolar. E estreitamente ligadas a elas, como tinha perfeita consciência. Ela nunca parou de pensar — até hoje — que poderia ter se tornado uma «intelectual» e encontrado «alguém mais inteligente». Mas era uma empregada doméstica, e encontrou um operário que também não tivera a oportunidade de poder seguir os estudos, e que, além disso, não tinha o espírito muito aberto.

Ela se casou aos vinte anos, em 1950, com um jovem que se tornaria meu pai. Eles teriam dois filhos nos anos seguintes: meu irmão mais velho e eu. Vivíamos em uma situação de extrema pobreza, para não dizer de quase miséria. Para não piorar as coisas, minha mãe decidiu não ter mais filhos e não teve outro recurso, vezes seguidas, acredito, senão abortar. Eram, é claro, abortos clandestinos, portanto perigosos, em todos os sentidos, sanitários e legais (me lembro de que meus pais um dia foram a uma cidadezinha do subúrbio parisiense, Juvisy-sur-Orge, e do clima de mistério que cercava os preparativos para essa viagem e a viagem em si, assim como da agitação que transparecia no rosto da minha mãe, no silêncio do meu pai. Chegando a Paris, eles deixaram meu irmão e eu na casa da minha avó. Voltaram algumas horas depois, e minha mãe contava para minha avó, em voz baixa e às escondidas, que tinha dado tudo certo. Meu irmão e eu éramos ainda muito novos, mas, estranhamente, sabíamos do que se tratava, ou será que tenho a impressão de que sempre soube, depois de ter entendido mais tarde, repassando mentalmente as imagens desse momento?). Meus pais teriam mais dois filhos, mais tarde, oito e catorze anos depois do meu nascimento.

Muito cedo, depois do casamento, minha mãe começou a sentir pelo marido apenas um sentimento constante de hostilidade, que se exprimia em grandes gritos, e às vezes no barulho de portas batendo ou no estilhaçar de louças jogadas no chão, durante suas discussões frequentes, mas que, de maneira ainda mais profunda, se manifestava a cada, ou quase cada, instante da sua vida em comum. Sua relação parecia uma longa e incessante crise familiar, pois eles pareciam incapazes de dirigir a palavra um ao outro sem se insultar da maneira mais maldosa e mais ofensiva possível. Muitas vezes ela teve vontade de se divorciar. Ia então consultar um advogado. Que a exortava a não sair de casa antes do veredito oficial porque ela se colocaria em prejuízo («abandono de domicílio conjugal») e perderia a custódia dos filhos. Ela temia a reação violenta do meu pai quando soubesse e a «vida infernal» que ela teria durante meses (anos talvez) de um processo que se anunciava longo e oneroso. Também tinha medo de não conseguir «se virar» sozinha, e, para evitar que seus «garotos» fossem «privados» do que quer que fosse, acabava por desistir. A rotina deles continuava: as cenas, os gritos, as trocas de insultos seguiam como antes. O detestar o outro erigido como maneira de viver. O contrário do que Stanley Cavell chama de «casal conversacional», ou, em todo caso, uma versão bem estranha e bem triste desse mesmo modelo.

Mesmo assim não é preciso que uma visão inspirada de maneira demasiado unívoca por um cenário de pensamento feminista venha esconder uma parte da realidade (o feminismo, que permite ver e entender muitas coisas, viraria então uma espécie de obstáculo epistemológico). Minha mãe era bastante violenta, talvez mais do que meu pai, na verdade, e, na única confrontação física que, até onde sei, eles tiveram, foi ela que o feriu, jogando nele o cabo do liquidificador elétrico que ela usava para preparar uma sopa: a pancada foi tamanha que o liquidificador se partiu em dois. Ela tem bastante orgulho desse feito, a propósito, já que me contou como se conta uma façanha esportiva, prova a seus olhos de que ela nunca estivera disposta a se «dobrar». Mas, quaisquer que pudessem ser as razões e os erros de um ou de outro, essa atmosfera era pesada, penosa de viver no dia a dia, até insuportável. Esse clima de guerra conjugal, essas cenas iterativas de afrontamento verbal, esses urros, essa loucura dos dois tendo as crianças como testemunhas contaram sem dúvida muito no que determinou minha vontade de deixar o meu ambiente e a minha família (e durante muito tempo até a ideia de família, de casal, de conjugalidade, de ligação durável, de vida comum etc. me horrorizou).

Graças à minha mãe eu pude cursar o liceu e continuar meus estudos. Ela nunca disse isso diretamente, mas acredito que me via como aquele que ela poderia ajudar a desfrutar de uma chance da qual ela não tinha se beneficiado. Seu sonho fracassado se realizou através de mim. Mas isso despertou no abismo da sua alma as antigas tristezas e os rancores acumulados. Muito pouco tempo depois da minha entrada no sexto ano, aprendemos no curso de inglês uma rima natalina. Ao voltar para casa, disse para minha mãe (eu tinha onze anos): «Eu aprendi um poema», e comecei a recitá-lo. Ainda me lembro: «*I wish you a merry Christmas, a horse and a gig, and a good fat pig, to kill next year*». Sua raiva, seu furor, explodiu antes de eu terminar. Será que ela achou que eu queria zombar dela? «Depreciá-la»? Manifestar uma superioridade em relação a ela que esses primeiros meses de ensino secundário já me teriam oferecido? Ele começou a gritar como uma louca: «Você sabe que eu não entendo inglês... Você vai traduzir agora mesmo!». Eu traduzi. Era curto, e sua crise de histeria não durou mais do que alguns instantes. Tive desde então consciência de que uma ruptura tinha acontecido — e que ela só se amplificaria, é claro — entre esse exterior à casa da família que representava o liceu, os estudos, o que eu aprendia, e o espaço interior do lar doméstico.

Toda a frustração de minha mãe por não ter conseguido continuar os estudos se exprimiu naquela explosão de raiva. Aquilo acontecia frequentemente, depois disso, sob formas diferentes. Um simples comentário crítico, a expressão de um desacordo eram suficientes para me lançar respostas como: «É porque você está no liceu que é mais do que a gente?» ou «Quem você acha que é? Você acha que vale mais do que a gente?». Quantas vezes não fui lembrado que eu não «nasci em berço de ouro»? Mas a frase que voltava mais frequentemente à sua boca consistia simplesmente em me lembrar que ela tinha sido privada daquilo a que eu tinha acesso: «Eu nunca pude...» ou «Eu nunca tive...». Mas, ao contrário do meu pai, que invocava sem parar aquilo que ele não «pudera» para se admirar — e às vezes tentar impedir — que seus filhos tivessem a possibilidade de se beneficiar, minha mãe deixava sobretudo seu ressentimento falar mais como um meio de admitir que para mim se abriam perspectivas que para ela tinham sempre sido cerradas ou mesmo encerradas, mal entreabertas. Ela insistia para que eu tivesse plena consciência da minha sorte. Quando ela dizia: «Eu nunca tive...», isso significava sobretudo: «Já você tem... e tem de saber o que isso representa».

Que derrota foi a sua quando tentou retomar os estudos! Ela tinha visto um anúncio no jornal regional: uma escola particular acabara de ser criada — trapaceiros, sem dúvida; em todo caso, gente sem escrúpulo — para oferecer ensino de informática a adultos que desejassem seguir novas carreiras e novas profissões. Ela se inscreveu, gastou muito dinheiro para ir, várias noites por semana, depois do trabalho, a aulas de que ela rapidamente entendeu que não compreendia nada ou muito pouco. Ela persistiu. Não entregou os pontos. Repetiu durante semanas que não iria parar, que conseguiria alcançar. Depois se rendeu aos fatos e se deu por vencida. Desistiu. Amarga, despeitada. Sua última chance se fora.

Depois de ter sido faxineira durante muito tempo, ela parou de trabalhar quando meu irmão mais novo nasceu, em 1967. Não durou: coagida pela pressão econômica, ela teve de conseguir um emprego e foi então labutar oito horas por dia em uma fábrica — passei ali um mês durante as férias de verão depois dos exames do fim do liceu e pude constatar qual era a realidade de uma «profissão» daquelas — para que eu pudesse assistir às aulas sobre Montaigne e Balzac no liceu ou, uma vez na universidade, ficar trancado durante horas no quarto para decifrar Aristóteles e Kant. Enquanto ela dormia à noite para levantar às quatro horas da manhã, eu lia até o amanhecer Marx e Trótski, depois Beauvoir e Genet. Só posso aqui retomar a simplicidade com que Annie Ernaux exprime, ao falar de sua mãe que mantinha uma pequena mercearia de bairro, a brutalidade dessa verdade: «Eu estava segura de seu amor e dessa injustiça: ela servia batatas e leite de manhã à noite para que eu ficasse sentada num anfiteatro ouvindo alguém falar de Platão».[25] Quando eu a vejo hoje, o corpo prejudicado pelas dores ligadas à dureza das tarefas que ela cumpriria durante quase quinze anos, de pé numa linha de montagem em que tinha de rosquear tampas em frascos de vidro, com o direito de se fazer substituir dez minutos pela manhã e dez minutos à tarde para ir ao banheiro, fico espantado com o que a desigualdade social significa concretamente, fisicamente. E mesmo a palavra «desigualdade» me parece um eufemismo que não apreende aquilo de que se trata: da crua violência da exploração. Um corpo de operário, quando envelhece, mostra a todos os olhares qual é a realidade da existência de classes. Mal dava para imaginar o ritmo de trabalho naquela fábrica, como em todas as fábricas, aliás: um inspetor tinha um dia cronometrado um operário durante alguns minutos, e aquilo determinara o número mínimo de frascos a serem «feitos» por hora. Já era ultrajante, quase desumano. Mas, como boa parte do salário deles era composta de bônus cuja obtenção estava ligada ao total diário, minha mãe me disse que ela e seus colegas conseguiam fazer o dobro do exigido. À noite, ela voltava para casa, esgotada, «acabada», como dizia, mas contente de ter ganho durante o dia o que nos permitiria viver decentemente. Não consigo entender por que e como o caráter penoso do trabalho e os slogans que serviam para denunciá-lo — «Abaixo os ritmos

---

25   Annie Ernaux, *Une femme*, op. cit., p. 66.

infernais» — puderam desaparecer do discurso da esquerda e até de sua percepção do mundo social, já que são as realidades mais concretas das existências individuais que estão em jogo: a saúde, por exemplo.

Para falar a verdade, na época, essa dureza implacável que regia o mundo do trabalho fabril mal me preocupava, a não ser de maneira abstrata: eu estava fascinado demais pela descoberta da cultura, da literatura, da filosofia para me preocupar com as condições que possibilitavam meu acesso a elas. Ao contrário: eu estava muito aborrecido por meus pais serem o que eram e não os interlocutores que eu tinha sonhado ter ou aqueles que alguns de meus colegas de estudo tinham nos seus. Como o primeiro da minha família a me dedicar à via de uma trajetória ascendente, eu, adolescente, estava pouco inclinado a querer entender o que eram os meus pais, e ainda menos a procurar me reapropriar politicamente da verdade de sua existência. E, se eu era marxista, devo confessar que o marxismo a que aderi durante meus anos de estudo, assim como meu engajamento esquerdista, não eram talvez mais do que uma maneira de idealizar a classe operária, de transformá-la em uma entidade mítica comparada à qual a vida dos meus pais me parecia bem condenável. Eles desejavam ardentemente possuir todos os bens de consumo do momento, e eu via na triste realidade de sua existência cotidiana, nas suas aspirações a um conforto do qual eles tinham sido privados durante tanto tempo, o signo ao mesmo tempo de sua «alienação» social e de seu «aburguesamento». Eles eram operários, tinham conhecido a miséria e, como todos na minha família, como todos os vizinhos, como todas as pessoas que conhecíamos, animavam-se com o desejo de se dotarem de tudo o que lhes havia sido negado até então, de tudo o que tinha sido negado aos seus pais antes deles. Tão logo podiam, eles compravam, multiplicando os créditos, o que sonhavam: um carro usado depois um carro novo, uma televisão, móveis que encomendavam pelo catálogo (uma mesa de fórmica para a cozinha, um sofá de couro falso para a sala...). Eu achava lastimável vê-los movidos permanentemente tão somente pela busca do bem-estar material e até pela inveja — «Não tem por que a gente também não ter isso» —, e constatar que era talvez esse desejo e essa inveja que tinham governado até suas escolhas políticas, mesmo que eles não estabelecessem uma ligação tão direta assim entre os dois registros. Todos na minha família adoravam ostentar quanto este ou aquele objeto tinha custado, porque aquilo mostrava que não passávamos necessidade, que vivíamos bem. Os sentimentos de orgulho e de honra estavam envolvidos nesse gosto pronunciado pela exibição de cifras. Isso seguramente não correspondia aos grandes discursos do «movimento operário» com os quais eu tinha enchido a cabeça. Mas o que é um discurso político que não leva em conta quem são realmente aqueles cuja vida ele interpreta e que leva a condenar os indivíduos de que fala já que fogem da ficção construída? É de toda forma um discurso que convém mudar, para desfazer a unidade e a simplicidade, e nele integrar a complexidade e as contradições. E nele reintroduzir o tempo histórico. A classe operária muda, ela não se mantém inalterada, e, sem dúvida, a dos anos 1960 e 1970 não era mais a mesma que aquela dos anos 1930 ou 1950: uma mesma posição no campo social não abrange exatamente as mesmas realidades nem as mesmas aspirações.[26]

---

26   Remeto aqui às belas observações de Carolyn Kay Steedman em relação à sua mãe em *Landscape for a Good Woman. A Story of Two Lives*.

Minha mãe me lembrou recentemente, em tom muito irônico, que eu não parava de acusá-los de serem «burgueses» («Você dizia muitas besteiras como essa, naquela época», ela acrescentou, «espero que você tenha pelo menos consciência disso»). No fundo, aos meus olhos da época, meus pais traíam o que eles deveriam continuar a ser quando esse desdém que eu experimentava em relação a eles não exprimia nada além do que a minha vontade de acima de tudo não parecer com eles. E ainda mais de não parecer com o que eu sempre quis que eles fossem. Para mim, o «proletariado» era um conceito livresco, uma ideia abstrata. Eles não eram abarcados por ela. E, se eu me satisfazia e me deleitava em lamentar a distância que separava a classe «em si» da classe «para si», o «trabalhador alienado» da «consciência de classe», a verdade é que esse julgamento político «revolucionário» servia para que eu mascarasse o julgamento social que eu fazia dos meus pais, da minha família e do meu desejo de fugir do seu mundo. Meu marxismo de juventude constituía portanto para mim o vetor de uma desidentificação social: exaltar a «classe operária» para melhor me afastar dos operários reais. Lendo Marx e Trótski, eu acreditava estar na vanguarda do povo. Só que eu entrava mais no mundo dos privilegiados, na sua temporalidade, no seu modo de subjetivação: os que leem Marx e Trótski por lazer. Eu me apaixonava pelo que Sartre escreveu sobre a classe operária; eu detestava a classe operária em que eu estava imerso, o ambiente operário que limitava

---

New Brunswick, NJ: Rutgers University Press, 1987, pp. 8-9. Ver também sua crítica feroz ao livro de Richard Hoggart, *The Uses of Literacy (La Culture du pauvre)*, que apresenta um quadro a-histórico do mundo operário e celebra sua simplicidade e imobilidade psicológica, como se a classe operária tivesse parado de se transformar assim que o futuro sociólogo a deixou (ibid., pp. 11-2).

meu horizonte. Interessar-me por Marx, por Sartre, era para mim o meio de sair desse mundo, do mundo dos meus pais, imaginando que eu era com certeza mais lúcido do que eles sobre a sua própria vida. Quem o percebia bem era meu pai, o qual um dia, ao me ver lendo o *Le Monde* — um dos sinais pelos quais eu sempre mostrava que me interessava muito seriamente por política — e sem saber como exprimir sua hostilidade em relação a esse jornal que ele tomava como não sendo destinado a pessoas como ele, e até como um órgão da burguesia — ele era mais informado do que eu! —, me declarou, com a voz carregada de raiva: «É um jornal de padre o que você está lendo». Antes de, sem outro comentário, se levantar e ir embora.

Minha mãe não entendia muito bem o que acontecia, nem o que eu fazia. Eu tinha entrado em outro mundo, em que tudo lhe parecia distante, estranho. Eu quase nunca falava com ela sobre o que me interessava, já que ela não sabia quem eram esses autores pelos quais eu me apaixonara. Uma vez, quando eu tinha quinze ou dezesseis anos, ela pegou um romance de Sartre que estava na minha escrivaninha e arriscou este comentário: «Acho que é muito cru». Ela tinha ouvido esse julgamento da boca de uma mulher cuja casa ela limpara — uma burguesa aos olhos de quem Sartre devia ser um autor sulfuroso — e o repetia ingenuamente, para me mostrar talvez que pelo menos conhecia o nome de um escritor que eu lia.

Uma coisa é certa: eu não correspondia à imagem que ela havia formado de alguém que «faz os estudos». Aluno do liceu, eu militava numa organização de extrema esquerda, e isso ocupava boa parte do meu tempo. Meu pai foi até convocado pelo diretor, que lhe descreveu as minhas atividades de «propaganda» na entrada e no interior do estabelecimento. Aquela noite foi um verdadeiro psicodrama em casa, e me ameaçaram de me «tirar» do ensino médio. Minha mãe temia que eu não passasse nos exames para a universidade, mas sobretudo ela e meu pai tinham muita dificuldade em aceitar que eu não dedicava todo o meu tempo aos estudos, já que eles se matavam para me dar essa possibilidade. Isso os indignava, os revoltava. Eu fui intimado a escolher: ou parava com a política, ou parava com os estudos. Declarei que preferia parar com os estudos; não me falaram mais disso. No fundo, minha mãe queria muito que eu continuasse.

Estudante, eu contrariava ainda mais as suas representações. A escolha da filosofia deve ter lhe parecido absurda. Ela ficou abismada quando a anunciei. Ela teria preferido que eu me inscrevesse em inglês ou espanhol (medicina ou direito nem entrava nos seus horizontes, nem nos meus, mas se voltar para o estudo de línguas constituía talvez o melhor meio de assegurar um futuro como professor de ensino médio). Ela percebia sobretudo que um abismo se abria entre nós. O que eu era tornava-se incompreensível para ela, e ela dizia explicitamente que eu era «excêntrico». Eu devia de fato lhe parecer estranho, bizarro... Eu me colocava cada vez mais fora do que, aos seus olhos, constituía o mundo normal, a vida normal. «Não é normal mesmo...» é uma frase que saía frequentemente tanto da sua boca quanto da do meu pai em relação a mim.

«Não é normal», «estranho», «bizarro»... Essas palavras não continham nenhuma alusão sexual direta ou explícita, mesmo que, é claro, a percepção que eles tinham de mim não fosse desligada do estilo que eu adotava, da imagem geral que eu queria passar de mim mesmo — eu tinha o cabelo bem comprido, o que provocou durante anos a fúria do meu pai («Você vai cortar o cabelo», ele repetia batendo na mesa) —, nos quais sem dúvida já se notava essa dissidência sexual que eu logo reivindicaria. Minha mãe só descobriu anos depois que eu pertencia à categoria do que ela nunca conseguiu designar de outra forma além de pela expressão «as pessoas como você», seu desejo de se distanciar de qualquer vocabulário depreciativo e sua incerteza quanto a esse assunto impedindo-a de empregar qualquer palavra que fosse e lhe impondo essa perífrase estranha. Recentemente, quando lhe perguntei, vendo uma foto na casa dela, quem eram aqueles três jovens que nela apareciam, minha mãe me respondeu: «São os filhos de B.», isto é, a companheira do meu irmão mais velho. E acrescentou: «Esse do meio é D.; ele é como você». Eu não entendi imediatamente o que queria dizer, mas ela continuou: «Quando ele contou para a mãe que ele era... enfim... você me entende... que ele era como você... ela o expulsou de casa... Foi o seu irmão que a fez mudar de ideia, dizendo que se ele mesmo tivesse uma atitude daquelas não poderia receber o próprio irmão em casa...». Isso me espantou, partindo do meu irmão — ele era menos tolerante no passado e tinha, claramente, mudado muito nesse ponto. Mas, na verdade, ele não me recebe em casa: porque eu nunca tentei visitá-lo; porque nunca tive vontade de visitá-lo... E, como todo este livro se esforça por mostrar, isso se explica muito — se não mais — por sua identidade social do que por minha identidade sexual. A partir do momento em que ele aceita o que sou, se não tentei retomar o contato, é porque eu sinto um mal-estar com o que ele é. E como consequência, hoje, devo admitir que, se não nos vemos, a responsabilidade é mais minha do que dele. Não apagamos facilmente a história.

É difícil que trajetórias a tal ponto divergentes se cruzem novamente.

Mas, sem dúvida, isso mostra também como é verdade que a família, como mostrou Bourdieu, não é um dado estável, mas um conjunto de estratégias: se meus irmãos fossem advogados, universitários, jornalistas, altos funcionários, artistas, escritores... eu teria mantido contato, mesmo que de maneira distante, e, em todo caso, eu os teria reivindicado como meus irmãos e os assumido como tais. Isso também vale para meus tios e tias, meus primos e primas, meus sobrinhos e sobrinhas... Se o capital social de que se dispõe é antes de tudo o conjunto das relações familiares que mantemos e que podemos mobilizar, eu poderia dizer que minha trajetória — e as rupturas que ela gerou — me dotou não somente de uma ausência de capital social, mas até mesmo de um capital negativo: trata-se mais de anular as ligações do que de mantê-las. Longe de afirmar como meus os primos distantes, como é o caso nas famílias burguesas, eu estava mais para apagar meus próprios irmãos da minha vida. Eu não podia e não poderia então contar com ninguém para me ajudar a seguir nos caminhos em que enveredei e a superar as dificuldades que neles encontrei.

Quando eu tinha dezoito ou vinte anos, minha mãe ainda não me via como uma dessas «pessoas como você», mas ela me via, no entanto, mudar com um assombro crescente. Eu a desconcertava. E não me importava, pois eu já estava amplamente desgarrado dela, deles, de seu mundo.

3.

Depois do casamento em 1950, meu pai e minha mãe se mudaram para um quarto mobiliado. Não foi fácil encontrar um lugar para morar em Reims na época, e foi lá que eles moraram nos primeiros anos de vida em comum. Dois filhos vieram ao mundo, meu irmão mais velho e eu, e meu avô construiu para nós uma cama de madeira onde dormíamos os dois, invertidos. Vivemos nesse quarto até que meus pais conseguiram que uma organização social lhes concedesse uma casa em um conjunto habitacional operário que acabara de ser construído do outro lado da cidade. A palavra «casa» mal corresponde àquilo de que se tratava: um cubo de concreto colado a outros cubos de concreto, dispostos dos dois lados de uma viela paralela a outras vielas idênticas. Todos esses alojamentos consistiam, em um único andar, de um cômodo principal e um quarto (que ocupávamos nós quatro, como antes). Não havia banheiro, mas água encanada e uma pia no cômodo maior, que servia ao mesmo tempo para o preparo de refeições e a toalete do dia a dia. No inverno, uma estufa a carvão lutava para aquecer os dois cômodos e estávamos sempre tremendo de frio. Alguns metros quadrados de jardim embelezavam o conjunto com um toque verde, e meu pai, com paciência, conseguiu cultivar ali alguns legumes.

Guardei imagens desse momento? Elas são raras, borradas, incertas. A não ser uma delas, precisa e persistente:

meu pai voltando para casa morto de bêbado depois de um sumiço de dois ou três dias («Todas as noites de sexta, depois da semana de trabalho, ele caía no desbunde nos bares e costumava dormir fora», minha mãe me contou), em um canto do cômodo, pegando uma a uma as garrafas — azeite, leite, vinho — que estavam ao seu alcance e as lançando contra a parede do outro lado, na qual se estilhaçaram. Meu irmão e eu choramos, agarrados à minha mãe, que simplesmente repetiu, com uma mistura de raiva e desespero na voz: «Pelo menos tome cuidado com os garotos». Quando, pouco depois da morte do meu pai, lembrei minha mãe dessa cena, entre outras, para lhe explicar por que eu não queria ir ao funeral, ela se espantou: «Você se lembra disso? Mas você era pequeno demais». Sim, eu me lembrava. Desde sempre. Isso nunca tinha me deixado. Tal o traço indelével de um trauma de infância ligado a uma «cena primitiva», mas que convém não compreender sobretudo em termos psicológicos ou psicanalíticos. Pois, quando deixamos se instaurar o reino de Édipo, dessocializamos e despolitizamos o olhar voltado para os processos de subjetivação: um teatro familiar substitui o que ele na verdade revela da história e da geografia (urbana), isto é, da vida das classes sociais. Não se tratava de um enfraquecimento da imago paterna, nem de uma perda da identificação com o Pai — real ou simbólico —, nem nenhum dos esquemas interpretativos que o reflexo do pensamento do lacanismo comum certamente invocaria para descobrir ali — depois de ter colocado, é claro — a «chave» da minha homossexualidade. Não, realmente, nada que as noções fabricadas pela ideologia do psicanalismo e reiteradas, murmuradas pelos seus propagadores, possam inspecionar.[27]

---

27   Analisei o discurso — homofóbico em seu próprio princípio — de

Mas sobretudo o que eu poderia designar como um estágio do espelho social, ao longo do qual se opera uma tomada de consciência de si e do pertencimento a um meio no qual se desenrola um certo tipo de comportamento e de práticas; uma cena de interpelação social — e não psíquica ou ideológica — pela descoberta da situação sociológica de classe que atribui um lugar e uma identidade; um reconhecimento de si como o que se é e o que se será por intermédio de uma imagem que nos é devolvida pelo outro que deveríamos nos tornar... É o que instaurou em mim uma vontade paciente e obstinada de contradizer o futuro ao qual eu estava prometido, assim como a impressão para sempre gravada na minha alma da minha origem social, um «lembre-se de onde você vem» que nenhuma transformação posterior do meu ser, nenhuma aprendizagem cultural, nenhuma máscara nem subterfúgio consegue apagar. É pelo menos o significado retrospectivo que me parece possível conferir a esse momento do meu passado mais distante, mesmo sabendo que se trata de uma reconstrução, como o seria a propósito qualquer outra interpretação, e particularmente aquela que tenderia a uma abordagem psicanalítica. Os processos de pertencimento e de autotransformação, da constituição da identidade e da sua recusa, sempre estiveram para mim ligados uns aos outros, imbricados uns com os outros, combatendo e limitando uns aos outros. A primeira identificação social (o reconhecimento de si como si) foi imediatamente trabalhada pela desidentificação, ela mesma se nutrindo sem parar da identidade recusada.

Lacan sobre as «causas» da homossexualidade em *Une morale du minoritaire. Variations sur un thème de Jean Genet*. Paris: Fayard, 2001, pp. 235-84.

Sempre tive restrições ao meu pai por ter sido sido esse homem, uma espécie de personificação de certo mundo operário que, se nunca se pertenceu a esse ambiente e nunca se viveu esse passado, só encontramos em filmes e romances: «Era puro Émile Zola», minha mãe me falou, ainda que nunca tivesse lido uma linha. E, se se pertenceu a esse mundo e se viveu esse passado, é difícil assumi-los e reivindicá-los como seus. Tenho aqui bastante consciência de que todo o meu modo de escrever supõe — tanto da minha parte como da parte daqueles que me leem — uma exterioridade socialmente situada nos meios e nas pessoas que sempre viveram os tipos de vida que me esforço por descrever e restituir neste livro, do qual sei também que é muito pouco provável que eles sejam os leitores. Raramente se fala dos meios operários, mas, quando se fala, é em geral porque se saiu deles e se está feliz de deles se ter saído, ele é reinstalado na ilegitimidade social daqueles sobre quem se fala no momento em que se deseja falar deles, precisamente para denunciar — mas com uma distância crítica necessária, e portanto com um olhar avaliador e ajuizador — a posição de ilegitimidade social à qual eles são incansavelmente remetidos.

No fundo, não era tanto a pessoa que tinha realizado esses gestos que me horrorizou, mas o cenário social em que esses gestos eram possíveis. O lançar das garrafas não tinha durado talvez mais do que alguns minutos: isso imprimiu em mim, acredito, uma aversão a essa miséria, uma recusa do destino ao qual eu era intimado e a ferida secreta, mas ainda aberta, de ter de carregar para sempre em mim essa lembrança. Episódios assim, aliás, não eram raros. Eu devia ter quatro ou cinco anos e meu pai, consequentemente, 27 ou 28. Ele tinha dificuldade de se desatrelar de uma certa forma da sociabilidade operária (masculina em todo caso) que ele só tinha descoberto ao virar homem feito: as noitadas e as bebedeiras entre amigos, o bar depois do trabalho. E, como acontecia de ele não voltar para casa durante alguns dias, é provável que ele não se privasse de terminar a noite na cama de outra mulher. Ele se casou aos 21, e três anos depois já tinha dois filhos. Sem dúvida sentia vontade de escapar de tempos em tempos das restrições do estado conjugal e da paternidade e de viver de maneira diferente os prazeres de uma juventude livre. Imagino que ele queria enfim desfrutar daquilo que lhe fora proibido durante a adolescência por sua situação familiar e pelos fardos que lhe pesavam nas costas. Ele passou diretamente da responsabilidade de uma família como primogênito para outra como marido e pai. Deve ter sido pesado assumir. E ele deve ter tido dificuldade de admitir que sua vida seria a partir de então restrita, para sempre, pelas obrigações da vida familiar. O desvio de conduta (expressão cuja conotação negativa não abarca a totalidade complexa que designa) deve também ser entendido como o meio de se dar um pouco de oxigênio — e de prazer. Evidentemente, um comportamento análogo seria impossível, impensável para minha mãe, que tinha, por sua vez, de cuidar das crianças. A propósito, meu pai nunca teria tolerado que ela frequentasse os cafés, muito menos que não voltasse para dormir em casa (ele a teria matado — depois de ter quebrado tudo em casa!).

Sente-se então na carne o que é pertencer a uma classe quando se é filho de operários. Quando eu escrevia meu livro sobre a revolução conservadora, peguei alguns volumes de Raymond Aron na biblioteca, pois foi a ele que recorreram — bastante logicamente — os ideólogos que tentaram, ao longo dos anos 1980 e 1990, impor a hegemonia de um pensamento de direita na vida intelectual francesa. Ao percorrer alguns excertos da prosa sem relevo e sem brilho desse professor sentencioso e superficial, me deparei com esta frase: «Se procuro me lembrar da minha 'consciência de classe' antes da minha educação sociológica, chego apenas a alcançá-la sem que o intervalo dos anos me pareça a causa da indistinção do objeto; dito de outro modo, não me parece provado que cada membro de uma sociedade moderna tenha consciência de pertencer a um grupo claramente definido, interior à sociedade global e batizado como classe. A realidade objetiva dos grupos estratificados é incontestável, aquela das classes conscientes de si mesmas não é».[28]

Parece-me sobretudo incontestável que essa ausência do sentimento de pertencimento a uma classe caracteriza as infâncias burguesas. Os dominantes não percebem que estão inscritos em um mundo particular, situado (da mesma maneira que um branco não tem consciência de ser branco, um heterossexual de ser heterossexual). Assim, esse comentário aparece pelo que é: uma confissão ingênua proferida por um privilegiado que acredita fazer sociologia quando na verdade não descreve nada além de seu status social. Eu só encontrei esse personagem uma vez na vida. Ele me inspirou uma aversão imediata. Execrei, no momento em que vi, seu sorriso hipócrita, sua voz melosa, aquela forma de mostrar seu caráter equilibrado e racional, tudo que no fundo só exprimia seu *ethos* burguês de decoro e moderação ideológica (enquanto seus escritos são repletos de uma violência expressa contra quem ela se volta; basta ler, entre outros, o que ele escreveu sobre as greves operárias nos anos 1950! Falamos de sua

---

[28] Raymond Aron, «Science et conscience de la société», in *Les sociétés modernes*. Paris: PUF, «Quadrige», 2006, p. 57.

lucidez porque ele era anticomunista no momento em que outros se perdiam no apoio à União Soviética. Mas não! Ele era anticomunista por ódio ao movimento operário e se constituiu como o defensor ideológico e político da ordem burguesa contra todos os que poderiam aderir às aspirações e mobilizações das classes populares. Sua tinta, no fundo, era mercenária: um soldado alistado a serviço dos dominantes e de sua dominação. Sartre teve mil vezes razão ao insultá-lo em Maio de 68. Ele o merecia amplamente. Saudemos a grandeza de Sartre, que ousou romper com as regras impostas da «discussão» acadêmica — elas sempre favorecem a ortodoxia, que pode se apoiar na «evidência» e no «bom senso» contra a heterodoxia e o pensamento crítico — quando se tornou importante «insultar os que insultam», como nos convida uma bela fórmula de Genet que não deveríamos jamais esquecer de tomar como lema).

No que diz respeito a mim, sempre experimentei no mais fundo do meu ser o sentimento de pertencer a uma classe. O que não significa o sentimento de pertencer a uma classe consciente dela. Pode-se ter consciência de pertencer a uma classe sem que essa classe tenha consciência de si mesma como classe, tampouco como «grupo claramente definido». Mas como um grupo cuja realidade é apesar de tudo comprovada nas situações concretas da vida cotidiana. Por exemplo, quando minha mãe levava meu irmão e eu, nos dias que não tínhamos aula, para a casa de pessoas para quem fazia faxina. Enquanto ela trabalhava, ficávamos na cozinha e ouvíamos a patroa mandá-la fazer tal e tal tarefa, elogiá-la ou repreendê-la (um dia, disse: «Estou muito decepcionada; não dá para confiar em você», e minha mãe chegou aos prantos na cozinha, onde estávamos amedrontados por vê-la naquele estado. E o desprezo que ainda sinto, quando penso novamente nisso — ah, aquele tom de voz! —, desse mundo em que se humilha como se respira, e o ódio que guardei dessa época pelas relações de poder e hierárquicas). Imagino que, na casa de Raymond Aron, havia uma faxineira, e que, na sua presença, nunca lhe ocorreu que ela, ela, tinha «consciência de pertencer a um grupo social» que não era o dele, ele que certamente tomava aulas de tênis enquanto ela passava suas camisas e lavava o chão do banheiro sob as ordens de sua mãe, ele que se preparava para longos estudos e redes de prestígio enquanto os filhos dela, da mesma idade, se preparavam para ir para as fábricas, ou já tinham ido. Quando vejo fotos dele na juventude, de sua família, é o mundo burguês que se estampa em toda sua autossatisfação (uma satisfação consciente de si mesma, sem dúvida). E ele não se dava conta? Nem mesmo ao olhar para trás? Mas que sociólogo!

Quando eu era criança, meus pais eram ligados a um casal cujo marido trabalhava nas adegas e a mulher como caseira, num bairro chique, de uma mansão onde vivia uma grande família de Reims do ramo do champanhe. Eles moravam em um alojamento perto do portão de entrada. Íamos às vezes almoçar com eles aos domingos, e eu brincava com a filha deles no pátio situado em frente à construção imponente. Sabíamos que outro mundo existia além do lance de escadas que dava acesso aos degraus e à porta de entrada com uma vidraça na parte superior. Só vislumbrávamos imagens raras e fugazes: um belo carro chegando, uma figura vestida de uma maneira que nunca tínhamos visto... Mas sabíamos, de um saber pré-reflexivo, pela imediaticidade da relação com o mundo, que havia uma diferença entre «eles» e «nós», entre, de um lado, os que ocupavam aquela mansão e os amigos que os visitavam e, de outro, aqueles que viviam nos dois ou três cômodos que compunham o alojamento dos caseiros e os amigos que eles acolhiam ali em seus dias de descanso, isto é, meus pais, meu irmão e eu. Como nos teria sido possível, tamanha era a distância entre esses dois universos separados por algumas dezenas de metros, não ter consciência do fato de existirem classes sociais? E de que pertencíamos a uma delas? Richard Hoggart tem razão ao insistir sobre a evidência do meio em que se vive quando se pertence às classes populares.[29] As dificuldades da vida cotidiana nos lembram disso a cada instante, assim como o contraste com outras condições de existência. Como não saber o que somos, quando vemos como são os outros e a que ponto são diferentes do que somos?

No começo dos anos 1960, nos mudamos para um prédio do conjunto habitacional HLM que acabara de ser construído, no qual minha mãe, por meio dos trâmites, conseguiu um apartamento. Era, acredito, um belo exemplo de alojamento social inserido na malha urbana, dentro da cidade: três «blocos», como dizíamos, de quatro andares, no meio de um bairro composto de casas individuais situado entre uma zona industrial e as adegas de várias casas de champanhe (Taittinger, Mumm, Louis Roederer). O apartamento era composto de sala, cozinha e — enfim! — dois quartos, o dos meus pais e o das crianças. Outra novidade era que tínhamos um banheiro. Eu frequentava a escola primária que não ficava longe. E, toda quinta-feira, ia à igreja de Sainte-Jeanne d'Arc para o catecismo. Devemos notar aqui uma

---

29 Cf. Richard Hoggart, *33 Newport Street. Autobiographie d'un intellectuel issu des classes populaires*. Paris: Gallimard/Seuil, «Hautes études», 1991.

estranha e paradoxal observância das tradições religiosas nos meios populares ou uma simples maneira de ocupar — e de vigiar — as crianças nos dias em que elas não iam à escola? Certamente os dois ao mesmo tempo! Meus pais eram descrentes, até anticlericais. Meu pai nunca entrava em uma igreja, e nas cerimônias familiares (batismos, casamentos, enterros etc.) ele permanecia no pátio com os outros homens, enquanto as mulheres ficavam no interior. Eles quiseram mesmo assim nos batizar e depois nos colocar no catecismo — no qual o padre, como sói acontecer, colocava os meninos no colo e acariciava suas pernas (ele tinha essa reputação no bairro e ouvi uma vez meu pai exprimir seu desprezo pelos padres e seus costumes: «Se eu ficar sabendo que ele tocou num dos meus meninos, eu o arrebento»). Seguimos essa educação religiosa até a «primeira comunhão», usando uma bata branca e levando um enorme crucifixo de madeira sobre o peito.

Eu achei na casa da minha mãe fotos do meu irmão e minhas, naquele dia, bastante ridículas, com tios e tias, primos e primas, em frente à casa da minha avó paterna, onde, depois da cerimônia, toda essa pequena multidão se encontrou para um almoço festivo, para o qual sem dúvida essas práticas religiosas serviam somente como pretexto ou permissão: os rituais religiosos, por mais absurdos que sejam, dão a oportunidade para uma reunião bem pagã e exercem portanto uma função de integração familiar, com a preservação de uma ligação entre irmãos e irmãs e a criação de um elo entre seus filhos — meus primos e minhas primas —, e também a reafirmação concomitante de um entre-si social, pois a homogeneidade, profissional e cultural, de classe se mostrava sempre total, sem que ninguém pudesse ser descartado desde a reunião de família anterior. Foi também sem dúvida o que me impediu de comparecer em seguida a tais cerimônias, especificamente aos casamentos dos meus dois irmãos mais novos: a minha impossibilidade de me ver imerso nessas formas de sociabilidade e de cultura que me deixavam terrivelmente constrangido, como nos ritos do final da refeição, quando a mesa inteira entoava: «Simone, uma canção!», «René, uma canção!», cada um tendo a sua, às vezes cômica, às vezes melodramática, reservada a tais circunstâncias, e também, repetidas a cada ano, as mesmas piadas vulgares, as mesmas danças, as mesmas besteiras eternas, as mesmas discussões de fim da noite, que se degeneravam muitas vezes para um começo de briga quando velhas querelas ou velhos litígios, frequentemente ligados a suspeitas de adultério, voltavam à tona...

Poucas coisas mudaram nessa homogeneidade social da minha família. Quando conheci a casa de Muizon, fiquei revendo as fotos espalhadas por todos os cantos, sobre os móveis, nas paredes. Perguntei à minha mãe quem era tal pessoa, quem era essa outra. Era a família expandida: os filhos dos meus irmãos, uma prima e seu marido, um primo e sua mulher etc. Eu sempre perguntava: «O que ele faz da vida?». As respostas traçavam uma cartografia das classes populares de hoje: «Trabalha na fábrica X ou Y», «Trabalha nas adegas», «Ele é pedreiro», «É da tropa de choque», «Está desempregado»... A ascensão social se via personificada na figura de tal prima, empregada na repartição que cuida dos impostos, ou de tal cunhada, secretária. Estamos longe da miséria de antigamente, daquela que conheci na minha infância — «Eles não estão mal», «Ela ganha bem», precisava minha mãe depois me indicar a profissão daquele ou daquela para quem eu apontava. Mas isso leva de volta à mesma posição no espaço social: toda uma constelação familiar cuja situação, cuja inscrição relacional no mundo de classes não se alterou.

A algumas dezenas de metros do prédio onde morávamos, construíram a capela de estilo romano cujas plantas Léonard Foujita tinha projetado e que ele ia decorar com afrescos murais para celebrar a sua conversão ao cristianismo, ocorrida alguns anos antes na basílica Saint-Remi. Eu só soube bem mais tarde: mal nos interessávamos por arte na minha casa e ainda menos por arte cristã. Fui visitar a capela apenas ao escrever este livro. O gosto pela arte se aprende. Eu aprendi. Isso fez parte da reeducação quase completa de mim mesmo que me foi necessário realizar para entrar em outro mundo, em outra classe social — e para distanciar-me daquele e daquela de onde eu vinha. O interesse pelo artístico ou literário participa sempre, de maneira consciente ou não, de uma definição autovalorizante pela diferenciação daqueles que a eles não têm acesso, de uma «distinção» no sentido de um hiato, constitutivo de si e do olhar que temos sobre nós mesmos, em relação aos outros — as classes «inferiores», «sem cultura». Quantas vezes, ao longo da minha vida posterior como pessoa «culta», constatei, ao visitar uma exposição ou assistir a um concerto ou a uma apresentação na ópera, a que ponto as pessoas que se deleitam com as práticas culturais mais «elevadas» parecem tirar dessas atividades uma espécie de autossatisfação e um sentimento de superioridade estampados no sorriso discreto que nunca desaparece, na postura de seus corpos, na sua maneira de falar como especialistas, de mostrar sua desenvoltura... Tudo isso exprime a alegria social de corresponder ao que convém ser, de pertencer ao mundo privilegiado daqueles que podem se dar ao luxo de experimentar as artes «refinadas». Isso sempre me intimidou, mas procuro, não obstante, me parecer com eles, agir como se tivesse nascido como eles, manifestar a mesma descontração que eles no contexto estético.

Reaprender a falar foi tão necessário quanto: esquecer as pronúncias e as estruturas das frases erradas, os idiomatismos regionais (não mais dizer que uma maçã está «envinagrada», mas que está «ácida»), corrigir ao mesmo tempo o sotaque do nordeste e o sotaque popular, adquirir um vocabulário mais sofisticado, construir sequências gramaticais mais adequadas... em resumo, controlar permanentemente minha linguagem e minha elocução. «Você fala que nem um livro», me disseram várias vezes na minha família para zombar desses novos modos, manifestando que sabiam bem o que significavam. Depois disso, e ainda é o caso hoje, eu ficaria sempre muito atento quando me encontrava em contato com aqueles cuja linguagem eu havia desaprendido, para não usar construções de frases demasiado complexas ou inusitadas nos meios populares (por exemplo, eu não diria «eu fora» mas «eu tinha ido»), e me esforçaria para encontrar as entonações, o vocabulário, as expressões que, mesmo relegadas a um recanto remoto da minha memória e quase não mais empregados por mim, eu nunca esqueci: não exatamente um bilinguismo, mas um jogo com dois níveis de idioma, dois registros sociais, em função do ambiente e das situações.

Foi quando morávamos nesse apartamento que entrei para o «liceu de meninos» da cidade. Devo insistir nesse ponto: isso representava um evento nada banal — na verdade, uma verdadeira ruptura — na história da minha família. Eu fui de fato o primeiro a chegar ao segundo grau, até mesmo ao primeiro ano. Eu tinha onze anos, e meu irmão primogênito, que era dois anos mais velho, só tinha terminado o primário. Essas duas vias separadas coabitavam na época, e o filtro escolar intervinha portanto direta e brutalmente. Ele se tornaria, um ano depois, aprendiz de açougueiro. Ele não queria mais ir à escola, onde se entediava e considerava perder tempo. Minha mãe, vendo um dia um cartaz afixado na porta de um açougue dizendo «Procuro aprendiz», perguntou se isso lhe interessava. Ele respondeu que sim, ela entrou com ele e o negócio foi arranjado. Nossas trajetórias começaram assim a divergir. Na realidade, isso já se mostrara havia muito tempo. Logo, tudo nos distinguiria, da maneira de vestir ou do penteado até a maneira de falar ou pensar. Aos quinze ou dezesseis anos, ele só gostava de estar com os amigos, jogar futebol com eles, cantar as meninas e ouvir Johnny Hallyday, enquanto eu preferia ficar em casa lendo e gostava mais de Rolling Stones ou Françoise Hardy (cuja canção «Tous les garçons et les filles de mon âge» parecia ter sido escrita para evocar a solidão dos gays), depois Barbara e Léo Ferré, ou Bob Dylan, Donovan e Joan Baez, cantores «intelectuais». Meu irmão continuava a personificar um *ethos* popular e uma maneira de ser e de se portar que o ligava ao mundo social ao qual pertencíamos, enquanto eu fabricava para mim um *ethos* de estudante do liceu muito típico e me afastava dele (aos dezesseis anos, eu andava com casaco de lona, sapatos Clarks «Desert Boots» e deixava meu cabelo crescer). Até nossa relação com a política nos opunha: ele não tinha absolutamente nenhum interesse, enquanto eu comecei muito cedo a fazer discursos sobre a «luta de classes», a «revolução permanente» e o «internacionalismo proletário».

Eu sentia um constrangimento terrível quando alguém me perguntava o que ele fazia e sempre dava um jeito de não dizer a verdade. Ele assistiu com certa incredulidade e muita ironia à minha transformação em jovem «intelectual» (e jovem gay também, o que obviamente nunca lhe escapou, mesmo que seus sarcasmos visassem uma aparência geral, um estilo, que ele, tão preocupado em personificar os valores masculinos das classes populares, percebia como «efeminados», mais do que uma sexualidade particular cujos sinais precursores e chamados perturbadores eu apenas começava a perceber). Moramos sempre sob o mesmo teto, a partir de então em um conjunto habitacional na periferia da cidade, para onde tínhamos finalmente nos mudado em 1967. Nossos quartos — eu tinha um só para mim, pois, como estava no liceu, tinha de estudar ali, e ele dividia o seu com um dos nossos irmãos mais novos, e o menor dormia no quarto dos meus pais — só eram separados por um corredor estreito, mas nos diferenciávamos a cada dia um pouco mais. Aderimos plenamente às nossas escolhas ou ao que acreditávamos ser nossas escolhas. Consequentemente, não podíamos deixar de estar os dois constrangidos, com um constrangimento crescente, em relação ao que o outro se tornava. O mundo que era o nosso, as profissões que nos tinham sido oferecidas, o futuro que se esboçava para nós correspondiam a ele sem problemas e sem nenhuma distância. Não demorou muito para que eu experimentasse e cultivasse o intenso sentimento de uma disparidade que os estudos e a homossexualidade contribuíam para instaurar na minha vida: eu não seria operário, nem açougueiro, mas outra coisa além daquilo a que havia sido destinado socialmente. Ele prestou serviço militar, se casou logo depois (aos 21 ou 22 anos) e teve rapidamente dois filhos... De minha parte, entrei para a universidade aos dezoito anos, deixei a casa da família aos vinte (portanto pouco depois dele) para viver sozinho e livre, e desejava mais que tudo ser «dispensado» para evitar o exército (o que seria o caso, alguns anos mais tarde, já que, depois de ter me beneficiado do período máximo daquilo que se chamava «dilação» para seguir os estudos, fingi, nos «três dias» que antecederam à incorporação, problemas de vista e audição que levaram o médico responsável do quartel de Vincennes a me perguntar: «O que o senhor faz da vida?», «Estou me preparando para conseguir o diploma de licenciatura em filosofia», «Ah, então continue, vai ser melhor para todo mundo». Eu tinha 25 anos, e foi difícil conter e dissimular a alegria que me tomou naquele momento).

4.

Durante quase 35 anos, eu não voltaria a rever esse meu irmão com quem eu tinha compartilhado a infância e uma parte da adolescência. Enquanto escrevo este livro, ele vive de auxílios sociais na Bélgica em razão de sua incapacidade física, hoje, para exercer sua profissão (ou outra): carregar carcaças de animais durante anos acabou com seus ombros. E, se não tenho mais nenhuma ligação com ele, é óbvio, como ressaltei em um capítulo anterior, que a culpa cabe a mim.

Éramos já como estranhos um para o outro quando morávamos juntos, depois, durante os dois ou três anos que seguiram a nossa partida, quando nos encontrávamos por ocasião de uma reunião de família, ligados um ao outro simplesmente por nosso passado comum, e pela mediação da relação que tínhamos com nossos pais, estreita para ele, distendida para mim.

Eu o via se satisfazer com tudo que eu desejava abandonar, adorar tudo que eu detestava. Para representar os sentimentos que eu tinha em relação ao meu irmão, eu poderia retomar quase palavra por palavra o que John Edgar Wideman escreveu ao falar do seu em *Brothers and Keepers*: «Meu sucesso se media pela distância que eu havia posto entre nós». Como exprimir melhor? De certo modo, isso significa que meu irmão me servia implicitamente como ponto de referência. O que eu queria se resumia ao seguinte: não ser como ele. Dirigindo-se mentalmente ao irmão, Wideman se pergunta: «Eu era para você tão estranho quanto você me parecia?». Eu me fiz essa pergunta na época? Eu sabia a resposta, e estava feliz com ela, pois buscava todos os meios para me tornar estranho a ele. Eu me reconheço ainda nas palavras de Wideman quando ele comenta: «Porque éramos irmãos, as férias, as festas de família nos levavam aos mesmos lugares e aos mesmos momentos, mas sua presença me deixava desconfortável».[30] De fato, no meu caso, tudo me deixava desconfortável nessas ocasiões, já que meu irmão coincidia com esse mundo que não era mais o meu, ainda o sendo. Visto que, para Wideman, «deixar Pittsburgh, a pobreza, a negritude» e ir para a universidade tinha representado o caminho de um exílio voluntário, é bem evidente que era difícil para ele percorrer, a intervalos regulares, o caminho no sentido inverso. Em cada retorno à casa, ele só podia encontrar, inalterada, a realidade que lhe dera tanto desejo de partir — e, assim, constatar sua conquista cada vez maior em seu esforço de distanciamento à medida que o tempo passava. O que não o impedia de ter certo sentimento de culpa em relação aos que ele tinha deixado para trás. Alinhado no entanto a um sentimento de medo: «O medo é vizinho da culpa. O medo de despertar em mim as marcas da pobreza e do perigo que eu encontrava ao meu redor quando voltava a Pittsburgh». Sim: o medo de ser «contaminado e de espalhar por toda parte o veneno na minha fuga. O medo de descobrirem o diabo em mim e de me rejeitarem como um leproso». A avaliação

---

30   John Edgar Wideman, *Brothers and Keepers* [1984], ed. francesa *Suis-je le gardien de mon frère?*. Paris: Gallimard, «Folio», 1999, pp. 56 e 55. [Ed. bras.: Acaso sou o guarda de meu irmão? Trad. de Cid Knippel Moreira. Rio de Janeiro: Nova Fronteira, 1996.]

que ele faz pensando em seu irmão é por fim bastante simples: «Seu mundo. A negritude que me acusa».[31] Eu poderia usar as mesmas palavras, as mesmas frases quanto à maneira como eu percebia na época o meu irmão: seu mundo, a cultura operária, essa «cultura de pobre» que me denunciava, e que eu temia que não saísse da minha pele na minha fuga agoniada. Eu tinha de exorcizar o diabo em mim, fazê-lo sair de mim. Ou torná-lo invisível para que ninguém pudesse adivinhar sua presença. Isso foi durante anos um trabalho constante.

Basta citar algumas linhas de Wideman para descrever o fardo que eu carregava por toda parte durante minha adolescência, e ainda bem depois: é de mim que elas falam (ainda que não ignore, é necessário precisar, os limites dessa transposição: se me reconheço na descrição que Wideman faz da fragmentação de suas conexões com sua família, e particularmente com seu irmão, ou, mais exatamente, da transformação desses laços em relação à distância e à rejeição, a situação que ele descreve é evidentemente bastante distinta da minha, já que, originário de um bairro negro pobre de Pittsburgh, ele se tornou professor universitário e escritor célebre, enquanto seu irmão foi para a prisão perpétua depois de ter sido condenado por assassinato. É essa história trágica que ele procura entender nesse livro magnífico).

Wideman tem razão em destacar: ele tinha de escolher e escolheu. Eu também escolhi. E, como ele, eu me escolhi. Eu só experimentava de maneira intermitente essa culpa que ele evoca. O sentimento da minha liberdade me intoxicava. A felicidade de escapar do meu destino. Aquilo deixava pouco

---

[31] Ibid., pp. 57 e 56.

espaço para o remorso. Eu não tenho a menor ideia do que meu irmão pensa atualmente de tudo isso. Nem do que ele pode dizer sobre esse assunto. Por exemplo, quando alguém lhe pergunta se sou da sua família depois de uma das minhas aparições — que procuro manter bem raras — na televisão.

Tamanha foi a minha surpresa quando minha mãe me disse que meus dois irmãos mais novos (oito e catorze anos mais novos do que eu) consideravam que eu os tinha «abandonado» e tinham sofrido muito — e que, um deles pelo menos, ainda sofre — com esse abandono! Eu nunca tinha me perguntado: como eles tinham vivido esse meu distanciamento crescente, depois total? O que tinham sentido? Como me percebiam? Quem eu era para eles? Eu me tornei um fantasma na vida deles. Mais tarde, eles falariam sobre mim com suas mulheres, seus filhos... Mas sem que elas nem eles me conhecessem. Assim que um deles se divorciou, sua mulher, que eu nunca tinha visto, jogou na cara dele, no meio de uma série de queixas — eu soube pela minha mãe: «E seu irmão Didier, que não passa de uma bicha que abandonou a sua família». Como eu poderia dizer que está errado? Ela não proferiu, em algumas palavras, toda a verdade? Toda a minha verdade?

Eu fui egoísta. Tratava-se de me salvar, e eu não estava nada inclinado — eu tinha vinte anos! — a prestar atenção aos danos que minha fuga provocava. Meus dois irmãos mais novos tiveram um destino escolar mais ou menos parecido com aquele do meu irmão mais velho: entraram na segunda fase do ensino fundamental (então via única para todos os alunos) aos onze anos, porque eram obrigados, e saíram assim que puderam, aos dezesseis anos, depois de terem vegetado algum tempo nas aulas «profissionalizantes» de um liceu técnico para um, e em uma ênfase literária para o outro («a escola não era para mim», declarou um deles recentemente ao responder algumas perguntas que eu lhe encaminhara por e-mail para escrever este livro). Nenhum dos dois chegou a fazer o exame para entrar na universidade. O primeiro queria ser mecânico; hoje, ele vende carros na Ilha da Reunião. Ganha bem, minha mãe disse. O segundo entrou para o exército aos dezessete anos. Continuou como militar, ou, mais exatamente, ingressou na força policial, na qual alcançou uma patente baixa. Ambos são de direita, é claro, depois de terem sido durante muito tempo, e até bem recentemente, fiéis eleitores do Front National. Assim, quando eu me manifestava contra o sucesso eleitoral da extrema direita, ou quando apoiava os imigrantes e os ilegais, era contra a minha família que eu protestava! Mas eu poderia muito bem inverter a frase e dizer que foi a minha família que se voltou contra tudo a que eu aderia, contra tudo o que eu defendia e portanto contra tudo o que eu era e representava aos seus olhos (um intelectual parisiense descolado das realidades e que ignorava os problemas vividos pela gente do povo). Não obstante, esse voto dos meus irmãos em um partido que me inspira um horror profundo, depois em um candidato à presidência pertencente a uma direita mais clássica que soube captar esse eleitorado, parece de tal maneira emergir de uma fatalidade sociológica, obedecer a leis sociais — o que portanto também vale para as minhas escolhas políticas —, que me deixa perplexo. Eu não tenho mais a certeza que tinha antes de como julgar tudo isso. É bastante fácil se persuadir, de maneira abstrata, de que não dirigiremos a palavra ou que apertaremos a mão de alguém que vote no Front National... Mas como reagir quando descobrimos que se trata da sua própria família? O que dizer? O que fazer? E o que pensar?

Meus dois irmãos mais novos chegaram portanto a uma condição superior à que tinha sido a de nossos pais. Podemos falar aqui de uma ascensão social, mesmo que permaneça fundamentalmente ligada à origem de classe e limitada em seu movimento por esta e pelos determinismos que carrega, a começar pela desescolarização voluntária e pelo campo desde então restrito dos tipos de profissões ou de carreiras profissionais que se oferecem aos que o sistema escolar exclui ao deixá-los acreditar que foram eles que escolheram essa exclusão.

Aqui me vejo então confrontado com as seguintes interrogações: e se eu tivesse me interessado por eles? Se eu os tivesse ajudado na sua escolarização? Se eu tivesse tentado despertar neles o prazer da leitura? Porque a evidência dos estudos, o amor pelos livros e a vontade de ler não são disposições universalmente distribuídas, mas, ao contrário, estreitamente correlacionadas com as condições sociais e o meio a que se pertence. E essas condições sociais os levavam, como quase todos os outros nesse mesmo meio, a recusar e a rejeitar aquilo em direção a que um milagre me havia impelido. Não deveria ter tido a consciência de que tal milagre podia se reproduzir e que ele seria menos improvável quando já se tinha realizado por um dentre nós e que este último — eu! — podia assim transmitir a esses que o seguiam o que tinha aprendido, o desejo de aprender? Mas seriam necessários paciência e tempo, e portanto que eu mantivesse um contato estreito com a minha família. Isso teria bastado para travar a lógica implacável da evasão escolar? Isso teria permitido combater os mecanismos da reprodução social que fundam sua eficácia na contribuição que a inércia dos *habitus* de classe lhes oferece? Eu não fui de modo algum «guardião» dos meus irmãos, e é difícil para mim, agora, não me sentir — mas é um pouco tarde — culpado.

Bem antes de experimentar esse sentimento de «culpa», eu me vi e concebi como um «milagre» do sistema escolar, isto é, rapidamente ficou bem claro para mim que os destinos dos meus três irmãos não eram ou não seriam idênticos ou análogos ao meu, no sentido de que os efeitos do veredito social estabelecido contra nós ainda antes do nosso nascimento lhes atingiu com uma violência muito maior do que no meu caso. Num outro de seus romances, intitulado *Fanon*, Wideman evoca de maneira maravilhosa essa potência dos vereditos e a consciência que ele sempre teve disso, assim como o sentimento de ser um milagre, já que conseguiu escapar dos destinos previamente definidos. Seu irmão está na prisão. Ele o visita com a mãe. Ele sabe que também poderia ser aquele que se encontra atrás das grades, se pergunta por que não é e como pôde escapar do que parece ser uma fatalidade para jovens negros dos bairros carentes: «Quantos homens negros na prisão, e por quanto tempo, poderíamos confundir o espírito com os números, nos revoltar ante a sinistra probabilidade e a evidente desproporção. Montanha assustadora de estatísticas brutas às quais é difícil dar um sentido, mas às vezes uma simples possibilidade que basta para me transtornar — e não haveria nada de espantoso, e até mesmo nada mais fácil para mim, afinal de contas, do que ser meu irmão. Nossos destinos trocados, sua parte para mim, a minha para ele. Eu me lembro de todas aquelas refeições à mesma mesa, daquelas noites passadas durante anos sob o mesmo teto, dividindo os mesmos pais e os mesmos irmãos e irmãs, os mesmos avós tios tias primos e primas, o que eu quero dizer é o que as estatísticas revelam: que não haveria nada de espantoso se fosse eu o encarcerado». Wideman nos obriga então a admitir o seguinte: o fato irrefutável de que alguns — muitos, sem dúvida — se apartam das vias «estatísticas» e despistam a terrível lógica dos «números» não anula em nada, como queria fazer acreditar a ideologia do «mérito pessoal», a verdade sociológica revelada por eles. E se eu tivesse seguido o mesmo caminho que meus irmãos, eu seria como eles? Quero dizer: eu teria votado no Front National? Também me insurgiria contra os «estrangeiros» que invadem nosso país e «acham que estão em casa»? Teria dividido com eles as mesmas reações e os mesmos discursos de defesa contra o que consideram uma agressão permanente perpetrada contra eles pela sociedade, o Estado, as «elites», os «poderosos», os «outros»...? A que «nós» eu pertenceria? A qual «eles» eu me oporia? Em resumo, qual seria a minha política? Minha maneira de resistir à ordem do mundo ou de aderir a ela?

Wideman não hesita em falar de uma guerra conduzida contra os negros (não é o primeiro nem o único a ter esse ponto de vista sobre a sociedade americana: essa percepção se inscreve em uma longa tradição de ideias — e de experiências). Ele fala para a mãe: «Uma guerra está acontecendo, ela é conduzida contra gente como nós no mundo todo e o parlatório dessa prisão é um de seus campos de batalha». A mãe responde que ele está exagerando, que ela não vê as coisas dessa maneira, e prefere salientar a responsabilidade individual no desenrolar de todos esses dramas. Mas ele mantém sua posição: «Uma guerra conduzida por um inimigo que muitos de nós não consideram um inimigo, uma guerra total conduzida por um adversário implacável».[32] É essa ideia apresentada por esse romance, no qual ele entrecruza uma reflexão política sobre uma América racialmente dividida e uma meditação sobre Frantz Fanon e a importância de sua obra e de sua vida para a consciência negra, a afirmação de si, o orgulho de si, a política de si, ou, simplesmente a «cólera negra», e portanto para a resistência ao inimigo, à sua onipotência, à sua onipresença. A propósito, seu irmão, na adolescência, bem antes de ser preso, levava no bolso um exemplar de *Pele negra, máscaras brancas*, que havia prometido a si mesmo um dia ler: um livro pode possuir uma grande significação antes mesmo de o termos lido... basta saber que ele significou algo para outros dos quais nos sentimos próximos.

É possível dar seguimento à transposição acima operada e falar de uma guerra implacável conduzida pela sociedade, no funcionamento mais banal de seus mecanismos mais ordinários, pela burguesia, pelas classes dominantes, por um inimigo invisível — ou visível demais —, contra as classes populares em geral? Bastaria ver as estatísticas da população carcerária na França ou na Europa para se convencer disso: os «números» serão eloquentes, indicando a «sinistra probabilidade» para os homens jovens dos subúrbios carentes — e notavelmente os que definimos como «procedentes da imigração» — de se verem atrás das grades. E não seria exagero descrever os «conjuntos habitacionais» em torno das cidades francesas hoje como o palco de uma guerra civil embrionária: a situação desses guetos urbanos mostra claramente como tratamos certas categorias da população, como as repelimos

---

32   John Edgar Wideman, *Fanon*. Boston-Nova York: Houghton Mifflin, 2008, pp. 62-3.

à margem da vida social e política, como as reduzimos à pobreza, à precariedade, à ausência de futuro; e as grandes revoltas que inflamam a intervalos regulares esses «bairros» não são mais do que a condensação repentina de uma profusão de batalhas fragmentárias cujo rugido nunca se esvai.

No entanto, eu me veria igualmente tentado a acrescentar que as realidades estatísticas como a eliminação sistemática das classes populares do sistema escolar e as situações de segregação e de inferioridade sociais a que estas estão condenadas pela força de tais mecanismos não podem ser interpretadas de outra maneira. Sei que vão me acusar de cair em uma teoria de conspiração social, atribuindo às instituições funções clandestinas e até intenções maléficas. É precisamente o que Bourdieu criticava na noção althusseriana de «aparelhos ideológicos de Estado»: ela tende a pensar em termos de um «funcionalismo do pior». Um aparelho, ele escreve, seria «uma máquina infernal, programada para alcançar certos objetivos», e acrescenta que «essa fantasia de conspiração, a ideia de que uma vontade demoníaca é responsável por tudo o que acontece no mundo social, assombra o pensamento crítico».[33] Sem dúvida ele tem razão! É inegável que o conceito de Althusser nos leva de volta a uma velha dramaturgia — ou sobretudo a uma velha logomaquia — marxista em que entidades com letra maiúscula se enfrentam como em um palco teatral (puramente escolástico). Poderíamos contudo ressaltar que certas formulações de Bourdieu se aproximam espantosamente do que ele quer tanto recusar, mesmo que para ele se trate menos de designar uma vontade velada do que «resultados objetivos». Quando ele escreve por exemplo: «Qual é a função real de um sistema

---

33   Pierre Bourdieu, *Réponses. Pour une anthropologie réflexive*. Paris: Seuil, 1992, p. 78.

de ensino que funciona de modo que elimina da escola, ao longo de todo o curso escolar, as crianças de classes populares e, em menor grau, de classes médias?».[34]

A «função real»! Evidente. Inegável. E, como Wideman, que não quer renunciar à sua percepção imediata do mundo apesar das observações razoáveis da mãe, eu não posso deixar de ver no sistema escolar tal como ele funciona aos nossos olhos uma verdadeira máquina infernal, se não programada para alcançar essa finalidade, ao menos tendo sucesso neste resultado objetivo: rejeitar as crianças das classes populares, perpetuar e legitimar a dominação de classe, o acesso diferencial às profissões e às posições sociais. Uma guerra vem sendo travada contra os dominados, e a Escola é um de seus campos de batalha. Os professores fazem o seu melhor! Mas eles não podem nada, ou podem muito pouco, contra as forças persuasivas da ordem social, que agem ao mesmo tempo clandestinamente e à vista de todos, e que se impõem rumo a e contra tudo.

---

34 Pierre Bourdieu, «L'idéologie jacobine» [1966], in *Interventions. Science sociale et action politique, 1961-2001*. Marselha: Agone, 2002, p. 56.

III.

1.

Disse anteriormente que, durante a minha infância, toda a minha família era «comunista», no sentido de que a referência ao Partido Comunista constituía o horizonte incontestado da relação com a política, o seu princípio organizador. Como ela virou então uma família em que se tornou possível, e às vezes até quase natural, votar na extrema direita ou na direita?

O que aconteceu para que tantas pessoas cujas reações espontâneas exprimiam um desprezo visceral contra aqueles que eram percebidos nos meios operários como inimigos de classe e que gostavam de insultar através da tela — maneira estranha mas eficaz de ficar confortável naquilo que somos e em que acreditamos — passem a votar depois no Front National? Esse foi, tenho certeza, o caso do meu pai. E o que aconteceu para que um número não insignificante entre eles votassem, no segundo turno, nos candidatos da direita tradicional que antes eram odiados (tendo votado no primeiro turno em um representante caricatural da burguesia empresarial, eleito, graças a eles, para a Presidência da República)? Que responsabilidade esmagadora tem nesse processo a esquerda oficial? Que responsabilidade têm aqueles que, depois de relegar seu engajamento dos anos 1960 e 1970 ao findo passado das escapadas da juventude, assumiram funções de poder e posições de importância, lutaram para impor ideias da direita tentando relegar aos lapsos da história tudo que havia constituído uma das preocupações essenciais da esquerda e até mesmo uma de suas características fundadoras desde meados do século XIX, a saber, a atenção à opressão e aos antagonismos sociais, ou simplesmente a vontade de garantir um lugar no espaço político para os dominados? Não é somente o «movimento operário», suas tradições e suas lutas que desapareceram do discurso político e intelectual e também da cena pública, mas os próprios operários, sua cultura, suas condições de vida, suas aspirações...[35]

Quando eu estava no liceu e era esquerdista (trotskista), meu pai não parava de vociferar contra «os estudantes» que «querem nos dizer o que fazer» e que «em dez anos vão mandar em nós». Tão intransigente quanto instintiva, sua reação me parecia na época contrária aos «interesses históricos da classe operária» e devida a sua adesão a um velho Partido Comunista mal desestalinizado e preocupado antes de tudo em dificultar a marcha inelutável da revolução. Como eu não haveria então de pensar que meu pai estava errado? Quando se vê o que viraram os que exaltavam a guerra civil e se intoxicavam com a mitologia da insurreição proletária! Eles ainda estão seguros de si mesmos, e também aficionados, mas, com algumas raras exceções, hoje denunciam a menor inclinação a protestos que vêm dos meios populares. Eles se juntaram àquilo a que haviam sido socialmente prometidos, se tornaram o que deveriam se tornar e se transformaram aí em inimigos daqueles cuja vanguarda ontem eles fingiam personificar

---

[35] Cf. Stéphane Beaud e Michel Pialoux, *Retour sur la condition ouvrière. Enquête aux usines Peugeot de Sochaux-Montbéliard*. Paris: Fayard, 1999. [Ed. bras.: Retorno à condição operária: invesetigação em fábricas da Peugeot na França. Trad. de Mariana Echalar. São Paulo: Boitempo, 2009.]

e que julgaram muito atemorizados e muito «aburguesados».
Dizem que Marcel Jouhandeau, ao ver passar um cortejo de
estudantes em Maio de 68, gritou: «Vão para casa! Em vinte
anos, todos vocês serão notários». Isto é, mais ou menos,
ainda que por razões exatamente opostas, o que meu pai
pensava ou sentia. E foi o que aconteceu. Notários, talvez
não, mas notáveis, sem dúvida, posicionados politicamente,
intelectualmente, pessoalmente, com trajetórias muitas vezes
impressionantes, no conforto da ordem social e na defesa do
mundo como ele é, ou seja, como convém perfeitamente ao
que eles são agora.

Em 1981, François Mitterrand, trazendo enfim a esperança de uma vitória da esquerda, conseguiu cerca de um quarto do eleitorado do Partido Comunista, cujo candidato não obteve mais do que 15% dos votos no primeiro turno, enquanto tinha conseguido reunir 20% ou 21% nas eleições legislativas de 1977. Essa desintegração, prelúdio ao colapso que viria, se explica em grande parte pela incapacidade de o «partido da classe operária» evoluir e romper com o regime soviético (pelo qual, de fato, era amplamente financiado). Por sua incapacidade também de considerar os novos movimentos sociais que estavam se desenvolvendo na esteira de Maio de 68. Ele nada correspondia, é o mínimo que se pode dizer, às vontades de transformação social e de inovação política que tinham marcado os anos 1960 e 1970 e das quais 1981 constituiu de alguma forma o auge. Mas a vitória da esquerda, com a implementação de um governo em que participavam os comunistas, logo levaria a uma forte desilusão dos meios populares e a um afastamento em relação aos políticos em quem depositaram confiança, e portanto seus votos, e pelos quais se sentiram negligenciados e traídos. Escutei então várias vezes a seguinte frase (minha mãe a repetia toda vez que tinha a oportunidade de falar comigo): «Esquerda, direita, não faz diferença, são todos iguais e são sempre os mesmos que pagam».

A esquerda socialista enveredava pela via de uma mutação profunda, que se intensificaria de ano em ano, e começava a revestir-se de um entusiasmo suspeito sob o manto de intelectuais neoconservadores que, a pretexto de renovar o pensamento de esquerda, trabalhavam para apagar tudo o que fazia da esquerda a esquerda. Produzia-se, na realidade, uma metamorfose geral e profunda tanto dos *ethos* como das referências intelectuais. Não se falava mais de exploração e resistência, mas de «modernização necessária» e «reformulação social»; não mais de relações de classe, mas de «conviver»; não mais de destinos sociais, mas de «responsabilidade individual». A noção de dominação e a ideia de uma polaridade estruturante entre os dominantes e os dominados desapareceram da paisagem política da esquerda oficial, em prol da ideia neutralizante de «contrato social», de «pacto social», em cujo cenário indivíduos definidos como «iguais em direito» («iguais»? Que piada obscena!) eram convocados a esquecer seus «interesses particulares» (isto é, a calar-se e deixar os governantes governarem como bem quisessem). Quais eram os objetivos ideológicos dessa «filosofia política», difundida e celebrada de um canto a outro do campo midiático, político e intelectual, da direita à esquerda (aliás, seus promotores se esforçavam para apagar a fronteira entre a direita e a esquerda, ao atrair, com o consentimento desta última, a esquerda rumo à direita)? O desafio foi mal dissimulado: a exaltação do «sujeito autônomo» e a vontade concomitante de acabar com as ideias que se empenhavam em levar em conta os determinismos históricos e sociais tinham como principal função desfazer a ideia de que existiam grupos sociais — «classes» — e justificar assim a desmontagem do *welfare state* e da proteção social, em nome de uma individualização necessária (ou descoletivização, dessocialização) do direito do trabalho e dos sistemas de solidariedade e de redistribuição. Esses velhos discursos e esses velhos projetos, que eram até então os da direita, e controlados obsessivamente pela direita, colocando em primeiro lugar a responsabilidade individual contra o «coletivismo», viraram também os de boa parte da esquerda. No fundo, poderíamos resumir a situação dizendo que os partidos de esquerda e seus intelectuais do partido e do Estado começaram a falar e a pensar a partir de então uma linguagem de governantes e não mais a linguagem dos governados, a se exprimir em nome dos governantes (e com eles) e não mais em nome dos governados (e com eles), e, portanto, adotaram sobre o mundo um ponto de vista de governantes, afastando com desprezo (com uma grande violência discursiva sentida como tal por aqueles sobre o qual ela se exerce) o ponto de vista dos governados. No máximo, nas versões cristãs ou filantrópicas desses discursos neoconservadores, se ousaria substituir os oprimidos e dominados de ontem — e suas batalhas — pelos «excluídos» de hoje — e sua passividade presumida — e inclinar-se sobre eles como os destinatários potenciais, embora silenciosos, de medidas tecnocratas destinadas a ajudar os «pobres» e as «vítimas» da «precarização» e da «desfiliação». O que não era mais do que uma estratégia intelectual, hipócrita e distorcida para acabar com toda aproximação em termos de opressão e luta, de reprodução e transformação de estruturas sociais, de inércia e dinâmica de antagonismos de classe.[36]

---

36 O fato de que possa ter prosperado o conceito tão inepto quanto reacionário do «individualismo de massa» para analisar a «precarização»

Essa mudança dos discursos políticos transformou a percepção do mundo social e assim, de maneira performativa, o próprio mundo social, já que ele é, em grande parte, produzido por categorias de pensamento mediante as quais nós o vemos. Mas fazer desaparecer dos discursos políticos as «classes» e as relações de classe, apagá-las das categorias teóricas e cognitivas não impede absolutamente aqueles que vivem a condição objetiva indicada pela palavra «classe» de se sentirem coletivamente negligenciados pelos que lhes pregam os benefícios tanto do «laço social» quanto de uma «necessária» desregulamentação da economia e também de uma «necessária» desmontagem do Estado social.[37] Setores inteiros das camadas mais desfavorecidas, por um efeito quase automático de redistribuição dos mapas políticos, se voltariam para o partido que parecia ser o único a se preocupar com elas e, em todo caso, a oferecer um discurso que se esforçava por conferir um sentido à sua vivência. E isso ainda que as instâncias dirigentes desse partido não tivessem sido compostas, longe disso, de membros das classes populares, ao contrário do que tinha sido o caso no Partido Comunista, que se preocupava em selecionar militantes vindos do mundo operário, nos quais os eleitores podiam se reconhecer. Minha mãe acabou por admitir, depois de sempre ter me afirmado o contrário, que chegou a votar no Front National («só uma vez», ela precisou, mas não tenho certeza se devo acreditar

---

do mundo do trabalho nos ensina muito mais sobre a triste trajetória, conduzindo-os da esquerda crítica para os cenáculos tecnocratas e o pensamento neoconservador, de sociólogos que o utilizam do que sobre a realidade das «metamorfoses da questão social».
37   Sobre a transformação dos discursos e das políticas econômicas, ver Frédéric Lebaron, *Le Savant, la politique et la mondialisation*. Bellecombe-en-Bauge: Le Croquant, 2003.

nisso. «Era para dar um sinal de aviso, porque não estava indo nada bem», justificou-se, uma vez vencido o constrangimento da confissão. E sobre o voto em favor de Le Pen no primeiro turno, acrescentou, estranhamente: «As pessoas que votaram nele não o queriam. No segundo turno, votamos normalmente»).[38]

Ao contrário do voto comunista, que era um voto assumido, reivindicado, proclamado, o voto na extrema direita foi um procedimento dissimulado, até negado, em relação ao julgamento do «exterior» (do qual eu fazia parte, aos olhos da minha família)... mas, apesar de tudo, muito bem refletido e firmemente decidido. No primeiro caso, afirmava-se orgulhosamente a identidade de classe ao constituí-la como tal por esse gesto político de apoio ao «partido dos operários»; no segundo, defendia-se em silêncio o que restava dessa identidade agora ignorada, quando não desprezada pelas hierarquias da esquerda institucional, todas provindas da ENA [École Nationale d'Administration] e de outras escolas burguesas do poder tecnocrata, isto é, dos lugares onde se produz e se ensina uma «ideologia dominante», que se tornara amplamente transpolítica (nunca se insistirá o suficiente sobre o nível de participação dos cenáculos da esquerda «modernista» — e muitas vezes cristã — na elaboração dessa ideologia dominante de direita. Não é então espantoso que um antigo líder do Partido Socialista — do norte da França, é claro, e portanto de outra origem social e de outra cultura política — fizesse questão de lembrar a seus amigos, na campanha presidencial de 2002, que a palavra «trabalhador»

---

38   Ela me indicou por essa estranha fórmula que tinha votado em Le Pen no primeiro turno da eleição presidencial de 2002, e em Chirac contra Le Pen no segundo turno. Em 2007, ela votou em Sarkozy nos dois turnos.

não «era um palavrão»). Por mais paradoxal que isso possa parecer, estou convencido de que o voto no Front National deve ser interpretado, ao menos em parte, como o último recurso dos meios populares para defender sua identidade coletiva, e em todo caso uma dignidade que sentiam sempre espezinhada, e agora também por aqueles que outrora os havia representado e defendido. A dignidade é um sentimento frágil e incerto sobre si mesmo: precisa de signos e garantias. Requer em primeiro lugar que não tenhamos a impressão de sermos considerados quantidade negligenciável ou simples elemento nas tabelas estatísticas ou apêndices contábeis, isto é, objetos mudos da decisão política. E, consequentemente, se esses a quem se concedia determinada confiança não mais a merecem, esta é projetada em outros. E volta-se, passo a passo, para novos representantes.[39]

De quem é a culpa, portanto, se o recurso tinha tal face? Se a significação de um «nós» assim mantido ou reconstituído transformou-se a ponto de designar «os franceses» em oposição aos «estrangeiros», quando antes eram os «operários» em oposição aos «burgueses», ou, mais exatamente, se a oposição entre «operários» e «burgueses», perdurando sob a forma de uma oposição entre «gente de baixo» e «gente de cima» (mas isso não é a mesma coisa e não leva às mesmas consequências políticas?), integrou uma dimensão nacional e racial, com a gente de cima sendo percebida como favorável à imigração e a de baixo como a que sofre na vida cotidiana por causa da imigração, acusada de ser responsável por todos os seus males?

---

[39] Quanto ao que precede, remeto a meu livro *D'une révolution conservatrice et de ses effets sur la gauche française*. Paris: Léo Scheer, 2007.

Poderíamos sugerir que o voto comunista representava uma afirmação positiva de si e o voto no Front National, uma afirmação negativa (a relação das estruturas partidárias, dos porta-vozes, da coerência do discurso político e da sua coincidência com a identidade de classe etc. era muito forte e até decisiva no primeiro caso, quase inexistente ou muito secundária no segundo). Mas, nos dois casos, o resultado eleitoral dizia-se ser, ou virou de fato, a manifestação pública de um grupo se mobilizando como grupo por meio da cédula individualmente, mas também coletivamente, ao ser colocada na urna para se fazer ouvir. Em torno do Partido Comunista organizava-se o voto coletivo de um grupo consciente de si mesmo e ancorado ao mesmo tempo nas condições objetivas de existência e em uma tradição política. A esse grupo agregaram-se outras categorias cuja percepção do mundo ou cujas reivindicações podiam se juntar, de maneira duradoura ou provisória, às da «classe operária» se manifestando como classe-sujeito. Ao apagar do discurso político da esquerda toda a ideia de grupos sociais em conflito uns com os outros (chegando ao ponto de substituir a afirmação estruturante de um conflito social, no qual deveríamos apoiar as reivindicações dos trabalhadores, por uma denúncia dos movimentos sociais considerados como uma sobrevivência do passado — tachando-os de «arcaísmo», e com eles, é claro, os que continuavam a apoiá-los — ou o signo de uma desintegração do laço social que os governantes teriam por tarefa restaurar), acreditava-se ter conseguido privar aqueles que votavam juntos da própria possibilidade de se conceber como um grupo cimentado pelos interesses comuns e pelas preocupações compartilhadas; foram levados à individualização de sua opinião e dissociou-se essa opinião da força que ela poderia ter contido antes, destinando-a a partir de então à impotência. Mas essa impotência virou raiva. O resultado foi inelutável: o grupo se reformou diferentemente e a classe social desconstruída pelos discursos neoconservadores da esquerda encontrou um novo meio de se organizar e tornar seu ponto de vista conhecido.

A bela análise proposta por Sartre do voto e dos períodos eleitorais como processos de individualização e, portanto, de despolitização da opinião — a situação de «serialidade» —, por oposição à formação coletiva e politizante do pensamento ao longo de um movimento ou mobilização — o «grupo» —, encontra aqui seus limites.[40] Certamente, o exemplo que ele dá é notável: os operários que tinham participado das grandes greves de Maio de 68 e que, um mês depois, salvaram o regime gaullista votando em seus candidatos. Mas isso não deve nos fazer esquecer de que o ato eleitoral, que parece ser fundamentalmente individual, pode ser vivenciado como um modo de mobilização coletiva, de uma ação política que se exerce em comum com outros. Nesse sentido, ele contraria o próprio princípio do sistema do «sufrágio universal», segundo o qual a agregação de vozes individuais supõe culminar na expressão da «vontade geral», que deve transcender os desejos particulares. No que acabo de evocar (voto comunista ou voto no Front National), é o contrário que se produz: uma guerra de classe conduzida por meio da cédula de voto, uma prática de confronto que se reproduz de votação em votação, e na qual vemos uma classe social — ou uma parte dela — se esforçando para manifestar sua presença ante as outras, para instaurar uma relação de forças. Destacando, também, que «o voto consulta os homens

---

40 Jean-Paul Sartre, «Élections, piège à cons», in *Situations*, x. Paris: Gallimard, 1976, pp. 75-87.

no repouso, fora da profissão, fora da vida», isto é, segundo uma lógica abstrata e individualizante, Merleau-Ponty insiste no fato de que «votamos violando»: «Cada um recusa o sufrágio dos outros».[41] Longe de tentar colaborar com a definição de todos por todos do que seria a «vontade geral» do povo, longe de contribuir para a elaboração de um consenso ou para a emergência de uma maioria a cujos desejos a minoria aceita se curvar, a classe operária, ou uma parte dela (como aliás toda classe: vê-se nas reações da burguesia cada vez que a esquerda chega ao poder), vem, ao contrário, contestar a pretensão de uma maioria eleitoral representar o ponto de vista «geral», lembrando que ela considera o ponto de vista dessa «maioria» como sendo aquele de um grupo adversário defendendo os próprios interesses, opostos aos seus. No caso do voto no Front National, esse processo de autoconstrução política se deu por uma aliança — ao menos durante os períodos eleitorais — com camadas sociais que, anteriormente, teriam sido consideradas «inimigas». O principal efeito do desaparecimento da «classe operária» e dos operários — das classes populares em geral, digamos — do discurso político teria sido então a desagregação das antigas alianças do mundo operário com outras categorias sociais (assalariados do setor público, professores...), sob a égide do que constituía «a esquerda», e a composição de um novo «bloco histórico», para empregar o vocabulário de Gramsci, unindo grandes frações das camadas populares fragilizadas e precarizadas aos lojistas ou aos aposentados ricos no sul da França, até mesmo a militares fascistas e velhas famílias

---

41 Maurice Merleau-Ponty, «Sur l'abstention», in *Signes*. Paris: Gallimard, 1960, pp. 397-401. [Ed. bras.: Signos. Trad. de Maria Ermantina Galvão. São Paulo: Martins Fontes, 1991.]

católicas tradicionalistas, e portanto amplamente ancorado na direita e até na ultradireita.[42] Mas isso foi, sem dúvida, em dado momento, a condição a se pesar, e isso tanto mais que se tratava de pesar contra a esquerda no poder, ou, mais exatamente, contra o poder personificado pelos partidos de esquerda. Sim: esse gesto foi percebido como o único meio subsistente. Mas, é evidente, entrando nas novas alianças, nas novas configurações políticas, esse grupo — que se compõe apenas de uma parte do antigo grupo mobilizado pelo voto comunista — se torna uma coisa diferente do que havia sido. Os que o constituíam conceberam a si mesmos e a seus interesses e seus relatos de vida social e política de maneira bem distinta.

O voto no Front National não foi, sem dúvida, para boa parte de seus eleitores, idêntico àquele anterior no Partido Comunista: foi mais intermitente, menos fiel, e sua entrega aos porta-vozes, a delegação de sua voz àqueles que a fariam existir na cena política, não teriam a mesma solidez nem a mesma intensidade. Por seu voto no Partido Comunista, os indivíduos ultrapassavam o que eram separadamente, seriadamente, e a opinião coletiva que daí emergia, por intermédio do Partido que a modelava enquanto a exprimia, não era em absoluto o reflexo das opiniões díspares de cada um dos eleitores; no voto no Front National, os indivíduos permanecem o que são e a opinião que produzem não é mais do que a soma de seus preconceitos espontâneos, que o discurso

---

42   Sobre os processos sociais, políticos e ideológicos que culminaram de maneira análoga na Grã-Bretanha na composição de blocos históricos unindo a burguesia e grandes frações das classes populares num voto pelos partidos de direita, ver Stuart Hall, *The Hard Road to Renewal, Thatcherism and the Crisis of the Left*. Londres: Verso, 1988.

do partido vem captar e formalizar ao integrá-los em um programa político coerente. E, mesmo que os que votam nele não subscrevam à totalidade desse programa, a força assim dada a esse partido lhe permite fazer crer que seus eleitores aderem a todo o seu discurso.

Poderíamos ficar tentados a dizer que se trata de um coletivo serial, marcado profundamente pela serialidade — já que são as pulsões imediatas, as opiniões compartilhadas embora recebidas mais do que os interesses refletidos em comum e as opiniões elaboradas na ação prática que nele predominam, a visão alienada (denunciar os estrangeiros) mais do que a concepção politizada (combater a dominação). Mas esse «coletivo» se constitui apesar de tudo como um «grupo» por meio do voto em um partido que instrumentaliza então, e com o seu consentimento, o meio de expressão escolhido e utilizado por aqueles que o instrumentalizaram para fazer ouvir a sua voz.[43]

Devemos em todo caso constatar a que ponto o voto nada mais traduz na maior parte das vazes — e isso vale para todos — do que uma adesão parcial ou oblíqua ao discurso ou ao programa do partido ou do candidato a quem se oferece o voto. Quando apontei para minha mãe que votando em Le Pen ela tinha apoiado um partido que militava contra o direito de aborto, já que eu sabia que ela já tinha abortado, ela me respondeu: «Ah! Mas isso não tem nada a ver, não é por isso que votei nele». Nesse caso, como escolhemos os

---

[43] Sobre o voto a favor do Front National, ver artigo de Patrick Lehingue, «L'objectivation statistique des électorats: que savons-nous des électeurs du Front national?», in Jacques Lagroye, *La Politisation*. Paris: Belin, 2003, pp. 247-8.

elementos que levamos em conta e que encabeçam a decisão, e os que deixamos deliberadamente de lado? Sem dúvida o essencial está no sentimento de se saber ou se acreditar representado individualmente e coletivamente, mesmo de maneira incompleta, imperfeita, ou seja, se estamos sendo apoiados por aqueles que apoiamos, e tendo assim a impressão, por meio desse gesto eleitoral, isto é, dessa ação resolvida, de existir e contar na vida política.

Essas duas visões políticas antagonistas (a que se materializava no voto comunista e a que se materializa no voto no Front National), essas duas modalidades de se constituir como sujeito da política, baseiam-se em categorias diferentes de percepção e de divisão do mundo social (que podem a propósito coabitar em um mesmo indivíduo, segundo temporalidades diferentes, é claro, mas também segundo lugares diferentes, em função das diferentes estruturas da vida cotidiana nas quais nos vemos inseridos: conforme a predominância da solidariedade prática dentro da fábrica ou do sentimento de concorrência pela preservação do emprego, conforme o sentimento de pertencimento a uma rede informal de pais de alunos que vão buscar os filhos na escola ou a exasperação pelas dificuldades da vida do bairro...). São maneiras opostas ou pelo menos divergentes de fazer um recorte da realidade social e tentar influenciar as orientações políticas dos governantes, e uma nem sempre exclui a outra. É por isso que, por mais duradouras e desconcertantes que possam ser as alianças operadas na constituição de um eleitorado do Front National, não é impossível, e ainda menos impensável, que uma parte — apenas uma parte — dos que votaram nos seus candidatos se disponha, em um futuro mais ou menos próximo, a votar na extrema esquerda. Isso não significa evidentemente que se deva colocar a extrema esquerda no mesmo plano que a extrema direita, como estão prontos a proclamar os que desejam proteger seu monopólio na definição da política legítima ao tachar sistematicamente de «populismo» todo ponto de vista e toda afirmação de si que escape a essa definição, quando tal acusação apenas remete à sua incompreensão — de classe — diante do que eles consideram a «irracionalidade» do povo quando este não consente em se submeter à sua «razão» e à sua «sabedoria». Mas que a mobilização de um grupo — o mundo operário e as classes populares — por meio do voto bem poderia mudar radicalmente a sua posição no tabuleiro de xadrez político e se cristalizar portanto no cenário de um outro «bloco histórico» com outros setores da sociedade, desde que a situação global (nacional e internacional) tivesse mudado. Mas sem dúvida um certo número de eventos importantes — greves, mobilizações etc. — deveria se produzir para que tal reorganização ocorresse: porque não nos dissociamos tão facilmente de um pertencimento político no qual estamos mentalmente arraigados há muito tempo — mesmo que de maneira instável e incerta — e não se cria de um dia para o outro um outro pertencimento, isto é, outra relação consigo e com os outros, outro olhar sobre o mundo, outro discurso sobre as coisas da vida.

2.

Não ignoro, porém, que o discurso e o sucesso do Front National foram, de várias maneiras, favorecidos e até convocados pelos sentimentos que animavam as classes populares nos anos 1960 e 1970. Se quiséssemos deduzir um programa político de propostas que permeavam o dia a dia da minha família naquela época, mesmo votando na esquerda, o resultado não seria muito distante das futuras plataformas eleitorais do partido de extrema direita nos anos 1980 e 1990: vontade de expulsar os imigrantes e de instaurar a «preferência nacional» no emprego e nos serviços sociais, endurecimento repressivo da política penal, apego ao princípio da pena de morte e aplicação muito ampla desse princípio, possibilidade de deixar o sistema escolar aos catorze anos etc. A assimilação pela extrema direita do antigo eleitorado comunista (ou de eleitores mais jovens que votaram de imediato no Front National, já que, ao que parece, os filhos mais jovens dos operários tinham votado então na extrema direita com mais facilidade e de maneira mais sistemática do que os seus irmãos mais velhos)[44] foi possível ou facilitada pelo racismo profundo que constituía uma das características dominantes dos meios operários e populares brancos. Frases que

---

44 Sobre essas mudanças de uma geração à outra na relação de classes populares com a esquerda e a direita, ver Patrick Lehingue, art. citado.

medrariam nos anos 1980 contra as famílias magrebinas, tais como «A gente está sendo invadida, a gente não está mais em casa», «Só tem para eles, eles vivem nas residências familiares e não tem mais nada para a gente», e assim por diante *ad nauseam*, tinham sido precedidas, durante pelo menos três décadas, por maneiras radicalmente hostis de perceber os trabalhadores vindo do Magrebe, de falar sobre eles e de se comportar em relação a eles.[45] Essa hostilidade já se manifestava durante a guerra da Argélia («Se eles querem a independência, têm de ficar na casa deles») e depois da independência conquistada por esse país («Eles queriam a independência, e têm! Então agora que voltem para a casa deles»), mas ela se intensificou ao longo dos anos 1960 e 1970. O desprezo dos franceses em relação a eles se exprimia notavelmente no uso sistemático do pronome «tu» que lhes era reservado. Quando eles estavam em questão, nunca os chamavam de outro modo a não ser de «cabritos», «guaxinins»,[46] ou outros termos análogos. Na época, os «imigrantes» eram principalmente homens solteiros alojados em pensões e hotéis insalubres,

---

45 Encontramos uma descrição muito realista desse racismo da classe operária francesa e das condições de vida dos trabalhadores imigrantes durante os anos 1950 no romance de Claire Etcherelli, *Élise ou la vraie vie* [1967]. Paris: Gallimard, «Folio», 1977. [Ed. bras.: O lado gelado da vida. Rio de Janeiro: Expressão e Cultura, 1968.]

46 No orginal «bicot» e «ratons», termos usados de forma extremamente racista e pejorativa em relação à população magrebina na França. O primeiro vem do substantivo *arabi*, que se torna por síncope *arbi* em 1858. De *arbi*, passa, por sufixação, ou por empréstimo do *arabico* italiano, para *arbicot* (1861), depois para *bicot* (1892) por aférese. Também existem fórmulas apócopes, como *bic* ou *biq*. O contexto xenofóbico assimila o árabe a um *bique,* cabra, ou a um *bicot*, cabrito. O segundo designava a princípio crianças iniciadas em roubos (1836), sem nenhuma relação com o mundo árabe. [N. E.]

onde senhorios inescrupulosos ganhavam dinheiro ao lhes impor condições de vida degradantes. A chegada maciça de uma nova geração de imigrantes, mas também a constituição de famílias e o nascimento de filhos mudaram a situação: uma população inteira de origem estrangeira se mudou para os conjuntos habitacionais construídos pouco tempo antes e que só tinham sido ocupados até então por franceses ou imigrantes vindos de países europeus. Quando meus pais conseguiram, em meados dos anos 1960, um apartamento em um desses conjuntos habitacionais situado nos confins da cidade, onde eu viveria dos treze aos vinte anos, o prédio era ocupado apenas por brancos. Foi no final dos anos 1970 — eu já tinha ido embora havia muito tempo — que se mudaram para lá as famílias magrebinas que se tornaram rapidamente maioria em todo o bairro. Essas transformações provocaram uma exacerbação extraordinária de pulsões racistas que se exprimiam desde sempre nas conversas cotidianas. Mas, como se tratava de dois níveis de consciência que não se cruzavam a não ser muito raramente, aquilo não interferia nas escolhas políticas refletidas, seja o voto em um partido — «o Partido» — que tinha militado contra a guerra na Argélia, a adesão a um sindicato — a CGT[47] — que, oficialmente, denunciava o racismo, ou ainda, e de maneira mais geral, a percepção de si como operário de esquerda.[48]

De fato, quando votavam na esquerda, votavam de certa maneira contra esse tipo de pulsões imediatas e assim

---

47 Confederação Geral do Trabalho. [N. T.]
48 Em *Élise ou la vraie vie*, é a classe operária sindicalizada e próxima do Partido Comunista que vemos exprimir seu racismo no interior da fábrica. E alguns até justificam sua hostilidade contra os argelinos e tunisianos pelo fato de eles não terem participado da greve por um aumento de salário.

contra uma parte de si mesmos. Esses sentimentos racistas eram certamente poderosos, e, de qualquer forma, o Partido Comunista não deixou de exaltá-los, de maneira odiosa, em diversas ocasiões. Mas eles não se sedimentavam como a causa central da preocupação política. Às vezes, sentia-se até obrigado a se desculpar quando se encontrava em um círculo mais amplo do que aquele da família direta. Não eram raras as frases que começavam com «eu nunca fui racista...» ou que terminavam com «dito isso, eu não sou racista»; ou alguém que pontuava a conversa com comentários do tipo «Com eles, é igual com todo mundo, tem também gente de bem...», e mencionava o exemplo de tal ou tal «cara» na fábrica que era etc. Foi preciso tempo para que as expressões cotidianas do racismo corriqueiro se agregassem aos elementos mais diretamente ideológicos e se transformassem em modo hegemônico de percepção do mundo social, sob o efeito de um discurso organizado que se fixava para incentivá-los e lhes dar um sentido na cena pública.

Foi por não mais suportarem o novo ambiente dominante em seu bairro que meus pais decidiram sair do apartamento para morar em um loteamento em Muizon e fugir do que eles percebiam como uma grande incursão de ameaças em um mundo que lhes tinha pertencido e do qual se sentiam aos poucos privados. Minha mãe reclamava das «turbas» de filhos desses recém-chegados, que urinavam e defecavam nas escadarias e que, ao virarem adolescentes, transformavam o conjunto habitacional em um reino de delinquência menor, em um clima de insegurança e de medo. Ela se indignava com as degradações no prédio, que atingiam as paredes da escadaria assim como as portas das adegas individuais no subsolo ou as caixas de correio na entrada — que logo que consertadas eram imediatamente destruídas de novo —, com a correspondência e os jornais que desapareciam muito frequentemente. Sem falar dos estragos cometidos nos carros que ficavam na rua: retrovisores quebrados, pinturas riscadas... Ela não suportava mais o barulho incessante e os cheiros provindos de uma culinária diferente, nem os gritos das ovelhas que matavam no banheiro do apartamento de cima da casa deles para a festa do Aïd el-Kébir. Suas descrições provinham da realidade ou da fantasia? Certamente das duas ao mesmo tempo. Como eu não morava mais com eles e nunca os visitava, não estou em posição de julgar. Quando eu lhe dizia, ao telefone — ela tinha dificuldade de falar de outra coisa —, que estava exagerando, ela me respondia: «Dá para ver bem que não é na sua casa. Isso não acontece no bairro onde você mora». O que eu podia responder? Eu me pergunto, no entanto, como se formaram os discursos que transfiguraram os problemas de vizinhança — que quero acreditar terem sido penosos — em concepção do mundo e em sistema de pensamento político. Em que história eles se baseiam? De que profundezas sociais eles provêm? A partir de que novas modalidades da constituição das subjetividades políticas eles se coagularam e se concretizaram sob a forma de voto em um partido de extrema direita e em um tipo de líder que anteriormente lhes inspirava apenas reações violentas de ira? Tão logo foram assim ratificadas e repercutidas no espaço político-midiático, essas categorias espontâneas de percepção e os recortes que elas realizavam (os «franceses» em oposição aos «estrangeiros») se impuseram com uma «evidência» cada vez maior e ocuparam a cada dia um pouco mais as discussões banais no seio da família direta e da família ampliada ou as trocas de ideias entre os comerciantes, na rua, na fábrica... Assistimos então a uma cristalização do sentimento racista nos meios sociais e políticos outrora dominados pelo Partido Comunista, e a uma tendência marcada de se voltar para uma oferta política que afirmava simplesmente fazer eco à voz do povo e ao sentimento nacional, embora ela os tivesse produzido tais como eram ao oferecer um cenário discursivo coerente e uma legitimidade social às más pulsões e aos ressentimentos que preexistiam. O «senso comum» compartilhado pelas classes populares «francesas» se transformou profundamente, já que, de modo mais preciso, a qualidade de «francês» passou a ser o seu elemento principal, substituindo aquela do «operário» ou do homem e da mulher «de esquerda».

Minha família personificou um exemplo modal desse racismo corriqueiro dos meios populares nos anos 1960 e desse endurecimento racista ao longo dos anos 1970 e 1980. Empregava-se sem parar (e minha mãe continua a empregar) um vocabulário pejorativo e insultante em relação aos trabalhadores que chegavam sozinhos do Norte da África, depois às suas famílias que vinham a eles se unir ou que eram aqui formadas, e aos seus filhos nascidos na França, e portanto franceses, mas percebidos como sendo eles também «imigrantes», ou em todo caso «estrangeiros». Esses insultos podiam surgir a qualquer instante e eram, em cada uma de suas ocorrências, acentuados de tal maneira que a hostilidade cáustica que exprimiam era multiplicada: os «turcos», os «mouros», os «monhés»...[49] Como eu era muito moreno,

---

49 O autor se refere a expressões bastante pejorativas e depreciativas no francês, usadas para se referir aos norte-africanos. Muitas delas são derivadas de palavras de origem árabe, como «crouille», que vem do árabe «kroumir», que significa literalmente «meu irmão». [N. T.]

quando era adolescente, minha mãe costumava me dizer: «Você parece um mouro», ou ainda: «Vendo você chegar de longe, achei que fosse um monhé». Tenho plena consciência de que o horror que me inspirava nessa época o meio ao qual eu pertencia está igualmente ligado à consternação, até à náusea, que me provocava esse tipo de ideia ouvida todos os dias, várias vezes por dia. Bem recentemente, convidei minha mãe para passar um fim de semana em Paris. Sua conversa sempre desencadeava esse vocabulário com o qual é muito raro eu me confrontar, tendo precisamente construído minha vida de modo que eu não conviva com termos tais como: os «monhés», os «crioulos», os «chinas»... Assim que falávamos do bairro de Barbès, onde sua mãe tinha morado — bairro quase exclusivamente ocupado, e há muito tempo, por uma população de origem africana e magrebina —, ela afirmava que não gostaria de morar lá, me dando como razão: «Os modos deles não são como os da gente». Eu tentei brevemente argumentar, reprimindo minha irritação: «Mas, mãe, Barbès, é o nosso meio, é um bairro de Paris». Ela respondia simplesmente: «Talvez, mas eu me entendo...». Só pude então balbuciar: «Eu não», concluindo da minha parte que o «retorno a Reims» sobre o qual eu já havia começado a escrever não seria um percurso fácil, e que talvez fosse mesmo uma viagem mental e social impossível de realizar. Refletindo, porém, me pergunto se o racismo da minha mãe e o desprezo virulento que ela (filha de um imigrante!) sempre demonstrou em relação aos trabalhadores imigrantes em geral e aos «árabes» em particular não eram para ela, que pertencera a uma categoria social constantemente lembrada de sua inferioridade, um meio de se sentir superior a pessoas ainda mais carentes. Uma maneira de construir uma imagem valorizante de si mesma, pelo ângulo da desvalorização dos outros, ou seja, uma maneira de existir a seus próprios olhos.

Durante os anos 1960 e 1970, o discurso dos meus pais, e sobretudo da minha mãe, já misturava duas formas de divisão entre «eles» e «nós»: a divisão de classe (os ricos e os pobres) e a divisão étnica (os «franceses» e os «estrangeiros»). No entanto, certas circunstâncias políticas e sociais podiam mudar a ênfase sobre um ou outro. Em Maio de 68, as grandes greves uniam os «trabalhadores», não importava sua origem, contra os «patrões». Um belo slogan prosperava, ao proclamar: «Trabalhadores franceses, imigrantes, mesmo patrão, mesmo combate». Durante as greves mais limitadas ou mais locais, daí em diante, essa mesma percepção sempre prevalecia (a fronteira passa a ser, em tais situações, entre os grevistas e «os que estão do lado do patrão», os «amarelos»). Sartre tem razão ao insistir neste ponto: antes da greve, o operário francês é espontaneamente racista, desconfia dos imigrantes, mas, uma vez que a ação se desencadeia, esses maus sentimentos se apagam e é a solidariedade que predomina (mesmo que parcial e temporária). É portanto de modo muito amplo a ausência de mobilização ou de percepção de si como pertencente a um grupo social mobilizado ou solidário porque potencialmente mobilizável e assim sempre mentalmente mobilizado que permite a divisão racista de suplantar a divisão em classes. A partir daí, o grupo, cuja mobilização como horizonte de percepção de si foi dissolvido pela esquerda, se reconstitui em torno deste outro princípio, dessa vez nacional: a afirmação de si como ocupante «legítimo» de um território do qual se sente destituído e expulso — o bairro onde mora e que substitui o lugar de trabalho e a condição social na definição de si mesmo e de sua relação com os outros. E, mais em geral, a afirmação de si como dono e possuidor natural de um país do qual se reivindica o benefício exclusivo dos direitos que ele concede a seus cidadãos. A ideia de que «outros» possam desfrutar desses direitos — os poucos que temos — torna-se insuportável, visto que parece que se deve compartilhar e portanto ver diminuída a parte destinada a cada um. É uma afirmação de si que se opera contra aqueles aos quais negamos todo pertencimento legítimo à «Nação» e a quem se adoraria recusar os direitos que se tenta manter para si mesmo no momento em que eles são questionados pelo Poder e por aqueles que falam em seu nome.

Não obstante, seria conveniente estender a análise até o ponto de nos perguntarmos se, ao tentar explicar por que neste ou naquele momento as classes populares votam na direita, não se pressupõe — sem jamais se questionar sobre esse pressuposto — que seria natural que elas votassem na esquerda, apesar de nem sempre ser o caso, e de nunca ser completamente o caso. Afinal, mesmo quando o Partido Comunista prosperava eleitoralmente como «partido da classe operária», somente 30% dos operários lhe davam seus votos, e eram pelo menos tão numerosos, se não mais, os que votavam nos candidatos da direita do que nos da esquerda em seu conjunto. E isso não diz respeito somente ao voto. Até as mobilizações operárias ou populares, as ações conduzidas em comum puderam, ao longo da história, ser ancoradas na direita ou, em todo caso, dar as costas aos valores da esquerda: o movimento dos «Amarelos», por exemplo, no começo do século XX, ou os motins racistas no sul da França na mesma época; ou ainda as greves contra a contratação de operários estrangeiros...[50] Muitos foram os teóricos de esquerda, e há tempos, que procuraram decifrar esses fenômenos: pensemos em Gramsci que se pergunta, em seus *Cadernos do cárcere*, por que, quando na Itália as condições pareciam reunidas, no fim da Primeira Guerra Mundial, para que se desencadeasse uma revolução socialista e proletária, ela foi abortada ou, mais exatamente, se produziu mas sob a forma de uma revolução fascista; ou ainda Wilhelm Reich que procura analisar, em *Psicologia de massas do fascismo*, em 1933, os processos psíquicos que levaram as classes populares a desejar o fascismo. Como consequência, a ligação que parece evidente entre a «classe operária» e a esquerda poderia não ser tão natural quanto gostaríamos de acreditar, e decorrer, antes, de uma representação construída historicamente por teorias (o marxismo, por exemplo) que prevaleceram sobre outras concorrentes e que modelaram a nossa percepção do mundo social e nossas categorias políticas.[51]

Meus pais, assim como os outros membros da minha família de sua geração, se diziam de esquerda («A gente é a esquerda...», eu ouvia com frequência no círculo familiar, como se tivesse sido impensável que fosse de outra forma),

---

50   Sobre o racismo e o antissemitismo dos meios populares franceses (especialmente da esquerda), assim como os movimentos operários da direita, ver Zeev Sternhell, *La Droite révolutionnaire, 1885-1914*. Paris: Fayard, 2000, sobretudo o capítulo 4, «L'antisémitisme de gauche», e o capítulo 6, «Une droite prolétarienne: les Jaunes». Ver também, do mesmo autor, *Ni droite ni gauche. L'idéologie fasciste en France*. Paris: Fayard, 2000.
51   Sobre as teorias que se opuseram à esquerda e ao marxismo e propuseram outros cenários para pensar a condição operária e o lugar e o papel dos operários na sociedade, ver Zeev Sternhell, *La Droite révolutionnaire*, op. cit., especialmente o capítulo 9, «À la recherche d'une assise populaire: l'Action française et le prolétariat».

antes de votar na extrema direita e na direita (de maneira descontínua). Meus irmãos, assim como um certo número de membros da minha família de sua geração, reivindicam seu pertencimento à direita — depois de terem durante muito tempo votado na extrema direita —, mesmo sem compreender que isso poderia espantar: assim que tiveram idade para votar, seus votos se opuseram à esquerda. Regiões operárias, antigos bastiões da esquerda e sobretudo do Partido Comunista, asseguraram, e continuam a assegurar, uma presença eleitoral significativa à extrema direita. E temo fortemente que os intelectuais que, ao manifestar assim seu etnocentrismo de classe e ao projetar seus próprios modos de pensar na mente daqueles no lugar dos quais eles falam fingindo estar atentos aos seus discursos, se vangloriam dos «saberes espontâneos» das classes populares — e isso com ainda mais entusiasmo se nunca tiverem conhecido na vida alguém pertencente a essas classes, senão lendo textos do século XIX — corram o risco de se ferir com refutações mordazes e desilusões cruéis. São precisamente essas mitologias e essas mistificações que alguns continuam a perpetuar (para serem aplaudidos como os proponentes de uma nova radicalidade), tanto quanto as digressões neoconservadoras evocadas anteriormente, que a esquerda deve desmantelar se quiser entender os fenômenos que a conduzem para sua ruína e esperar um dia os frustrar. Não há «saber espontâneo» dos dominados, ou, para ser mais preciso, o «saber espontâneo» não tem significação fixa e ligada a essa ou àquela forma de política: a posição dos indivíduos no mundo social e na organização do trabalho não é suficiente para determinar o «interesse de classe» ou a percepção desse interesse sem a mediação de teorias através das quais movimentos e partidos propõem ver o mundo. São essas teorias que dão forma e sentido às experiências vividas em um momento ou em outro, e as mesmas experiências podem ter significações opostas segundo as teorias ou os discursos para os quais elas vão se voltar e se inclinar.[52]

É por isso que uma filosofia da «democracia» que se contenta (mesmo que seus próprios autores se maravilhem de evidenciar um pensamento tão «escandaloso») em celebrar primeiro a «igualdade» de todos com todos e em reafirmar que cada indivíduo é dotado da mesma «competência» que todos os outros não é absolutamente um pensamento de emancipação, uma vez que nunca se questiona sobre as modalidades da formação das opiniões nem sobre a maneira como o que resulta dessa «competência» pode se inverter por completo — para o bem ou para o mal — em uma mesma pessoa ou em um mesmo grupo social, de acordo com os lugares e as conjunturas, e de acordo com as configurações discursivas dentro das quais, por exemplo, os mesmos preconceitos podem virar prioridade absoluta ou ser deixados de fora do registro político.[53] Eu não gostaria que minha mãe ou meus irmãos — que a propósito não se questionam tanto — fossem «sorteados» para governar seu conjunto habitacional em nome de sua «competência» igual àquela de todos os outros: suas escolhas não seriam diferentes das que exprimem ao votar, mesmo que pudessem ser majoritárias. E pouco importa se minhas reticências ofendam os adeptos

---

52 Para uma crítica da «experiência» como «evidência» imediata e para uma análise do papel dos discursos e teorias políticas no recorte de percepções, práticas e significações que essas revelam, ver Joan W. Scott, «L'évidence de l'expérience», in *Théorie critique de l'histoire. Identités, expériences, politiques*. Paris: Fayard, 2009, pp. 65-126.
53 Remeto sobre essa questão aos importantes comentários de Stuart Hall em *The Hard Road to Renewal,* op. cit.

de um retorno às fontes atenienses da democracia. Porque, se seu gesto pode parecer simpático, o risco daquilo que dele resultaria me preocupa muito mais.[54]

E como, por outro lado, levar em consideração a existência prática das «classes sociais», do conflito social e até da «guerra» objetiva à qual me referi em um capítulo precedente, sem cair em uma invocação mágico-mítica da «Luta de Classe», hoje exaltada pelos que defendem um «retorno ao marxismo», como se as posições políticas resultassem de maneira unívoca e necessária das posições sociais e conduzissem inelutavelmente a um afrontamento consciente e organizado entre uma «classe operária», saída de sua «alienação» e incentivada por um desejo de socialismo, e a «classe burguesa», com todas as cegueiras que tais noções reificadas e tais representações fantasísticas implicam — e portanto dos perigos que elas representam?

É preciso, ao contrário, procurar entender por que e como as classes populares podem pensar suas condições de vida às vezes ancorando-as necessariamente na esquerda, às

---

[54] Para um elogio da «competência» comum e do «sorteio» como princípio regulador de um «poder do povo», ver Jacques Rancière, *La Haine de la démocratie*. Paris: La Fabrique, 2005 [ed. bras.: O ódio à democracia. Trad. de Mariana Echalar. São Paulo: Boitempo, 2014]. Rancière parece ter ele mesmo uma vaga consciência do problema, sem nunca formulá-lo (e por razões evidentes! Isso questionaria diversos de seus pressupostos), já que todos os exemplos de expressões democráticas que menciona nos remetem ao que ele designa como «lutas», ou «movimentos», isto é, manifestações coletivas e organizadas da opinião dissidente. Isso indica que o «poder do povo» como fundamento da democracia nunca é aquele de indivíduos indistinguíveis e permutáveis: está sempre já inscrito nos cenários sociais e políticos heterogêneos e conflituosos entre si. São esses cenários que uma reflexão a respeito da democracia deve colocar no cerne de suas interrogações e de suas preocupações.

vezes inscrevendo-as evidentemente na direita. Vários fatores devem ser levados em consideração: a situação econômica, global ou local, é claro, as transformações do trabalho e dos tipos de elos entre os indivíduos que tais transformações fazem e desfazem, mas também, e eu diria até sobretudo, a maneira como os discursos políticos, as categorias discursivas, vêm moldar a subjetivação política. Os partidos desempenham aqui um papel importante, se não fundamental, já que, como se viu, é por sua intermediação que podem falar os que não falariam se os porta-vozes não falassem por eles, isto é, em favor deles mas também em seu lugar.[55] Um papel fundamental também porque são os discursos organizados que produzem as categorias de percepção, as maneiras de nos pensarmos como sujeito político e que definem a concepção que fazemos de nossos próprios «interesses» e das escolhas eleitorais resultantes.[56] Convém portanto refletir permanentemente sobre essa antinomia entre o caráter inelutável, para as classes populares, da delegação de si — salvo raros momentos de luta — e a recusa de se deixar privar pelos porta-vozes nos quais se acaba por não mais se reconhecer, a ponto de buscar e de conseguir outros. É por isso que, aliás, é de suma importância sempre desconfiar dos partidos e de sua tendência natural de querer assegurar sua hegemonia sobre a vida política, bem como da tendência

---

[55] Este elemento crucial que é a mediação dos partidos está ausente no modelo de Sartre (que aderia, na época de seu texto sobre o voto, ao espontaneísmo esquerdista). O contrário é destacado por Bourdieu em seu artigo «Le mystère du ministère. Des volontés particulières à la 'volonté générale'», *Actes de la recherche en sciences sociales*, nº 140, 2001, pp. 7-13.
[56] Concordo sobre essa questão com as análises de Stuart Hall em «Gramsci and Us», in *The Hard Road to Renewal,* op. cit., pp. 163-73.

natural de seus dirigentes de querer assegurar sua hegemonia sobre o que delimita o campo da política legítima.[57]

Eis-nos de volta à questão de saber quem tem direito à palavra, quem toma parte, e de que maneira, nos processos de decisão, ou seja, não somente na elaboração das soluções, mas também na definição coletiva das questões legítimas e importantes de abordar. Quando a esquerda se revela incapaz de se organizar como o espaço e o crisol onde se formam os questionamentos, mas também onde se investem os desejos e as energias, é a direita ou a extrema direita que logram acolhê-los e atraí-los.

A tarefa que cabe aos movimentos sociais e aos intelectuais críticos é portanto: construir cenários teóricos e modos de percepção políticos da realidade que permitam, não eliminar — tarefa impossível —, mas neutralizar o máximo possível as paixões negativas operantes no corpo social e especialmente nas classes populares; oferecer outras perspectivas e assim esboçar um futuro para aqueles que poderiam se designar, novamente, de esquerda.

---

[57] Com o apoio, é claro, de intelectuais de partido e de governo que desejam delimitar o que é político e o que não é, o que é «democrático» e o que é «antidemocrático» etc., tentativas que representam o contrário do que deveriam ser o trabalho intelectual — pensar o mundo social na sua mobilidade em vez de buscar prescrevê-lo — e a atividade democrática, que não se deixa restringir nos ditames desses ideólogos autoritários ligados a todas as tecnocracias e a todas as burocracias, isto é, a todas as instituições e a todos os poderes. Como antídoto salvador dessas pulsões antidemocráticas, leia-se o livro de Sandra Laugier, *Une autre pensée politique américaine. La démocratie radicale d'Emerson à Stanley Cavell*. Paris: Michel Houdiard, 2004.

IV.

1.

Como foram difíceis meus primeiros anos no liceu! Eu era um aluno excelente, mas sempre à beira de uma recusa total da situação escolar. Se o estabelecimento acolhesse majoritariamente crianças do mesmo meio que eu e não, como era o caso, da burguesia e da pequena burguesia, creio que teria sido apanhado pela engrenagem da autoeliminação. Participava de todas as badernas, era insolente, respondia às repreensões dos professores e zombava deles. Meu jeito de ser e de falar, meus comportamentos e as expressões que utilizava me aproximavam de um energúmeno, mais para um mau sujeito do que um aluno modelo. Não me lembro mais que expressão dirigida a um dos meus colegas de classe, filho de um magistrado, me valeu esta resposta indignada: «Modere suas expressões!». Ele ficara estupefato com a crueza verbal da gente do povo, à qual não estava acostumado, mas sua reação e o tom que ele havia adotado, que trouxeram à tona o repertório linguístico de sua família burguesa, me pareceram grotescos, e eu intensificava a ironia e a grosseria. Uma implacável lógica social me transformava nessa personagem que, ingenuamente, eu me orgulhava de ser, e tudo me levava a eleger o que não era mais do que um papel previamente determinado e desde sempre ligado a um tipo de programa: a saída prematura do sistema escolar. No sexto ano, um professor me declarou: «Você não vai passar do primeiro colegial».

Esse julgamento me assustou a ponto de eu chegar a este ano e passar dele. Mas, no fundo, esse imbecil tinha mostrado certa lucidez: eu estava destinado a não ir além, e sem dúvida a não chegar até lá.

No pequeno livro que Pierre Bourdieu terminou e mandou ao seu editor alemão um mês antes da sua morte, *Esboço de autoanálise*, encontrei uma imagem grosseira do que tinha vivido. Ali ele se descreve como um pré-adolescente e um adolescente em estado de «revolta próxima de um tipo de delinquência» e evoca as «desavenças disciplinares» que o levavam sempre a essa atitude de «fúria obstinada», e que acabaram por provocar sua exclusão do liceu logo antes do exame de admissão para a universidade. Ao mesmo tempo, era um aluno excepcional, apegado aos estudos, que adorava passar as horas lendo tranquilo, esquecendo então as balbúrdias das quais ele raramente deixava de participar e os alvoroços dos quais era muitas vezes o instigador.[58]

Infelizmente, Bourdieu não vai longe o suficiente, aqui, na autoanálise. Ele adverte no começo do livro que proporia apenas «traços pertinentes do ponto de vista da sociologia», e «tão somente aqueles», necessários para compreendê-lo e compreender sua obra. Mas nos perguntamos como ele pôde decidir no lugar dos leitores quais são os elementos de que eles precisariam para apreender as disposições e os princípios que presidiram o nascimento de seu projeto intelectual e o desenvolvimento de seu pensamento. E, sobretudo, temos dificuldade de nos livrar da impressão de que os elementos que ele salienta quando se trata de sua juventude, e sua maneira

---

58 Pierre Bourdieu, *Esquisse pour une auto-analyse*. Paris: Raisons d'agir éditions, 2004, pp. 123, 121 e 120. [Ed. bras.: *Esboço de autoanálise*. Trad. de Sergio Miceli. São Paulo: Companhia das Letras, 2005.]

de salientá-los, nos remetem ao registro da psicologia mais do que ao da sociologia, como se motivado por descrever os traços de seu — mau — caráter pessoal e não a lógica das forças sociais. Ele escreve, portanto, com reserva e pudor demais — e sem dúvida sua observação preliminar tinha por principal função justificar essa prudência parcimoniosa. Ele não ousa se revelar mais e as informações que fornece são fragmentárias e, seguramente, negligenciam aspectos essenciais. Ele cala mais do que confessa.

Ele não explica por exemplo como conseguiu administrar essa tensão ou essa contradição entre a incapacidade social de se conformar com as exigências da situação escolar e a vontade de aprender e de ter sucesso, nem como esta termina impondo-se sobre aquela (da qual, mais tarde, sua maneira de viver a vida intelectual guardará no entanto traços evidentes, sobretudo em seu não respeito escancarado às regras do decoro burguês que reina na vida universitária e tende a impor a todos — sob a pena de exclusão da «comunidade dos sábios» — a submissão às normas instituídas da «discussão científica», quando o que está em jogo provém, na verdade, da batalha política), nem como ele superou as dificuldades e conseguiu se manter em um universo que o rejeitava ao mesmo tempo que ele aspirava sobretudo a não deixá-lo (ele não se descreve como «bem adaptado, paradoxalmente, a esse mundo no entanto profundamente detestado»?).[59] É essa ambivalência que lhe permite se tornar o que ele se tornará e que incentivou todo o seu projeto intelectual e todo o seu percurso posterior: a revolta — a «fúria obstinada» — continuada no e por meio do saber. O que Foucault chamará, por sua vez, de «indocilidade refletida».

---

59   Ibid., p. 120.

Ele não menciona nenhum dos livros que lia, não dá nenhuma informação sobre os que eram importantes para ele ou que lhe transmitiram o gosto pela cultura, pelas ideias, quando ele poderia ter afundado em uma total rejeição por elas, como pareciam destiná-lo os valores populares esportivos e masculinos aos quais ele não esconde ter aderido plenamente, embora tenha recusado o anti-intelectualismo daqueles com quem os compartilhava.[60] Ele destaca, aliás, que via desaparecer da paisagem escolar, uns depois dos outros, ano após ano, os que vinham do mesmo meio social que ele e que aderiam a esses mesmos valores.[61] Como e por que ele sobreviveu? É suficiente, já que sabemos o que ele se tornou, contar em algumas páginas no final do volume as facetas belicosas do jovem que ele fora opondo-as a seu apreço também verdadeiro pelos estudos, pela leitura e pelo saber? O retrato está incompleto, se pretende ser esclarecedor. E quanto à transformação que nele se opera ao longo dos anos, para que uma criança de um vilarejo de Béarn, desconcertada com «certos fatos de cultura» que descobria na escola, se metamorfoseie em um aluno admitido na classe de uma escola preparatória parisiense bastante elitista, depois na École Normale Supérieure da rue d'Ulm? Como e por que ocorre essa transmutação? E quanto ao bilinguismo (o dialeto de Béarn falado com seu pai e o francês da escola), ao sotaque que ele desejava tanto corrigir uma vez em Paris (na vergonha que misturava a origem social e a origem geográfica), e que ressurgia de tempos em tempos no curso de uma conversa? E quanto à sexualidade? A heterossexualidade é evidente a ponto de ser inútil nomeá-la e mostrá-la, a não ser, em

---

60   Ibid., pp. 126-7.
61   Ibid., p. 126.

contraponto, na evocação fugaz de um aluno de sua turma que tocava violino e que, «reconhecido como homossexual», sofria uma verdadeira perseguição por parte dos outros, que manifestavam assim que não o eram, segundo uma oposição muito clássica entre os estetas e os atletas (estes últimos sendo os mesmos, na narrativa de Bourdieu, que aqueles com quem ele jogava rúgbi e que via aos poucos serem eliminados do fluxo escolar)?[62]

Não consigo deixar de pensar que Bourdieu permaneceu, em grande medida, pensou e falou por esses mesmos modos de percepção, ou melhor, por essas mesmas disposições, desde antes também inscritas em tudo que ele era, quando, nesse mesmo livro antes referido, ele não está longe de designar pejorativamente Foucault como um «esteta», rótulo que, segundo as polaridades estruturantes que ele mesmo coloca em seu capítulo final, nos levaria de volta à oposição entre «desportistas» e «homossexuais», entre a equipe de rúgbi e o amante de música, e portanto a um certo inconsciente social e sexual do qual me surpreendeu, quando me fez ler o manuscrito desse texto, ele não ter percebido o caráter homofóbico.[63] Lá também, a autoanálise teria merecido ser

---

62   Sobre a ligação entre os valores masculinistas dos garotos pertencentes aos meios operários ou populares — especialmente a rejeição da autoridade e a hostilidade contra bons alunos considerados «conformistas» — e a eliminação escolar, e portanto a alocação nos trabalhos operários, ver Paul Willis, *Learning to Labour. How Working Class Kids Get Working Class Jobs*. Westmead (G.-B.): Saxon House, 1977. [Ed. bras.: Aprendendo a ser trabalhador: escola, resistência e reprodução social. Trad. de Tomaz Tadeu da Silva e Daise Batista. Porto Alegre: Artes Médicas, 1991.]
63   Pierre Bourdieu, *Esquisse pour une auto-analyse,* op. cit., pp. 103-4. Eu contei em meu diário do ano de 2004, isto é, quando o livro foi lançado na França, algumas das diversas conversas que tive com ele sobre esses assuntos, e sobre outros, quando ele escrevia e quando me fez ler o man-

levada mais adiante. Ele ressalta nesse livro, quando se esforça para explicitar como «se situava objetivamente e subjetivamente» em relação a Foucault, que tinha «em comum com ele quase todas as propriedades pertinentes», precisando contudo: «Quase todas exceto duas, mas que tiveram na minha opinião um peso muito importante na constituição de seu projeto intelectual: ele era de uma família da alta burguesia provinciana e era homossexual». E acrescenta uma terceira, a saber, «o fato de ele ser e se dizer filósofo», mas este, ele precisa, talvez não passe de um «efeito dos precedentes». Essas observações me parecem muito justas e até incontestáveis. Mas o inverso deve ser também verdadeiro: a escolha da sociologia por Bourdieu e a própria fisionomia de sua obra poderiam muito bem estar ligadas à sua origem social e à sua sexualidade. Como vemos sobretudo no julgamento que ele faz, de maneira mais geral, sobre a filosofia, contra a qual mobiliza, em nome da sociologia e da «ciência», todo um vocabulário estruturado por uma oposição entre masculino e feminino, o que deve ter feito de forma bem consciente, já que estudou tão magistralmente as polaridades binárias tanto em suas pesquisas sobre a Cabília como em suas análises do campo universitário e de sua divisão em disciplinas.[64]

---

uscrito (cf. Didier Eribon, *Sur cet instant fragile… Carnets, janvier-août 2004.* Paris: Fayard, 2004). Diante das minhas críticas, ele respondeu que, quando retrabalhasse o livro para o lançamento na França, depois do lançamento na Alemanha, ele se aplicaria a modificar essas páginas. Não teve tempo para isso.

64 Sobre as categorias masculinistas — e de classe — que operam no discurso pelo qual a sociologia se constitui como «ciência», opondo-se à filosofia, ver Geoffroy de Lagasnerie, «L'inconscient sociologique, Émile Durkheim, Claude Lévi-Strauss et Pierre Bourdieu au miroir de la philosophie», *Les Temps modernes,* nº 654, 2009, pp. 99-108.

Se, de muitas maneiras, eu me reconheci na evocação que ele propõe, no fim desse livro, da tensão que marcou sua juventude entre sua inadaptação ao sistema escolar e sua adesão cada vez mais marcada a ele, o que diferencia o meu percurso do dele, nos meus anos no liceu, é que, apesar de algumas tentativas de corresponder ao modelo que me impunham os valores incorporados do meu meio social, nos primeiros tempos da minha presença no segundo grau, isso não durou. Deixei logo para trás os jogos de papel da afirmação masculina (o temperamento belicoso, que nada me convém, e que eu copiara do meu irmão mais velho e mais amplamente dos homens — mas também das mulheres — da minha família) para ao contrário me dissociar, de maneira cada vez mais marcada, desses modos de ser característicos dos jovens das classes populares. Digamos que, depois de ter começado por me parecer àqueles que, na narrativa de Bourdieu, badernavam e recusavam a cultura escolar, eu me esforçaria por me parecer com aquele que toca violino, o «esteta» que não quer pertencer ao grupo de «atletas», mesmo efetuando com assiduidade a prática esportiva (atividade que abandonei muito rapidamente para corresponder plenamente ao que eu queria ser, lamentando até com amargura ter transformado meu corpo em vez de tê-lo conservado débil e delgado, segundo a imagem que havia adotado do que é e de como deveria ser a aparência de um intelectual). Ou seja, escolhi a cultura em detrimento dos valores populares viris. Pois ela é um vetor de «distinção», isto é, de diferenciação de si em relação aos outros, de distanciamento dos outros, de um hiato instituído em relação a eles, a adesão à cultura constitui com frequência para um jovem gay, e principalmente para um jovem gay de origens populares, o modo de subjetivação que lhe permitirá dar um suporte e um sentido à sua «diferença» e, como consequência, construir para si um mundo, forjar para si um *ethos* diferente daquele que carrega de seu meio social.[65]

A aprendizagem da cultura escolar e de tudo o que ela exige acabou sendo para mim lenta e caótica: a disciplina que ela requer tanto do corpo como do espírito não é nada inata, e é preciso tempo para adquiri-la quando não se teve a sorte de que aflorasse desde a infância sem sequer nos darmos conta. Isso foi para mim uma verdadeira ascese: uma educação de mim mesmo, ou mais exatamente uma reeducação que passava pela desaprendizagem do que eu era. O que era evidente para os outros, eu tive de conquistar dia após dia, mês após mês, no contato cotidiano com um tipo de relação com o tempo, com a linguagem e também com os outros que transformaria profundamente toda a minha pessoa, meu *habitus*, e me desestabilizaria cada vez mais com o meio familiar que eu encontrava toda noite. Para dizê-lo em termos mais simples: o tipo de relação consigo que a cultura escolar impõe se revelava incompatível com o que éramos na minha casa, e a realização escolar instalou em mim, como uma de suas condições de possibilidade, uma ruptura, até um exílio, cada vez mais marcados, me separando aos poucos do mundo de onde eu vinha e onde eu ainda vivia. E, como todo exílio, isso implicava uma forma de violência. Eu não a percebia, pois era com meu consentimento que ela se exercia sobre mim. Não me excluir — ou não ser excluído — do sistema escolar

---

[65] Desenvolvi essa questão em *Reflexões sobre a questão gay,* op. cit., e em *Une morale du minoritaire*, op. cit. Esse uso especificamente gay da cultura falta no modelo de *La Distinction* (Paris: Minuit, 1979) [ed. bras.: A distinção. Trad. Daniela Kern e Guilherme J. F. Teixeira. 2. ed. Porto Alegre: Zouk, 2011. — com o que Bourdieu imediatamente concordou quando certo dia fiz esse comentário a ele.

me impunha a exclusão da minha própria família, do meu próprio universo. Manter as duas esferas juntas, pertencer sem confrontos a esses dois mundos não era absolutamente possível. Durante muitos anos, tive de passar de um registro ao outro, de um universo ao outro, mas esse retalhamento entre as duas pessoas que eu era, entre os dois papéis que eu tinha de desempenhar, entre minhas duas identidades sociais, cada vez menos ligadas uma à outra, cada vez menos compatíveis entre si, produzia em mim uma tensão muito difícil de suportar e, em todo caso, muito desestabilizante.

A entrada no liceu da cidade me colocou em contato direto com as crianças da burguesia (e sobretudo com os filhos da burguesia, já que os estabelecimentos escolares tinham acabado de começar a ser mistos). A maneira de falar, as roupas usadas e sobretudo a familiaridade dos outros meninos da minha turma com a cultura — quero dizer: com a cultura legítima —, tudo me lembrava que eu era uma espécie de intruso, alguém que não está no seu lugar. A aula de música constituía talvez a prova mais insidiosa, a mais brutal da maestria ou não do que se entende ser «a cultura», da relação de evidência ou de estranheza que se tem com ela: o professor chegava com discos, nos fazia escutar interminavelmente trechos de obras, e, enquanto os alunos provindos da burguesia simulavam um devaneio inspirado, os provindos das classes populares trocavam baixo gracejos idiotas ou não conseguiam se conter e falavam alto ou soltavam risadas. Tudo conspirava portanto para instalar um sentimento de não pertencimento e de exterioridade na consciência dos que encontravam dificuldade para se curvar a essa injunção social que o sistema escolar, por meio de cada um de seus mecanismos, dirige a seus usuários. Na realidade, duas vias se apresentavam para mim: continuar essa resistência espontânea, não tematizada como tal, que se exprimia em todo um conjunto de atitudes sôfregas, desajustes, inadequações, desprezos e zombarias, recusas obstinadas, e terminar me vendo expulso sem tumulto desse sistema, como tantos outros, pela força das coisas, mas, aparentemente, como uma simples consequência do meu comportamento individual, ou me curvar aos poucos às exigências da escola, a ela me adaptar, aceitar o que ela exigia e, assim, conseguir me manter entre seus muros. Resistir era me perder; me submeter era me salvar.

2.

No liceu, aos treze ou catorze anos, tive uma amizade próxima com um menino da minha turma, filho de um professor da universidade, então embrionária, da cidade. Não seria excessivo dizer que eu estava apaixonado por ele. Eu o amava como se ama nessa idade. Mas, como éramos dois meninos, era evidentemente impossível, para mim, exprimir os sentimentos que eu nutria em relação a ele (essa é uma das dificuldades mais traumatizantes da atração homossexual ao longo da adolescência — ou em outros momentos da vida também: não podemos exprimir o que sentimos por alguém do mesmo sexo, o que explica a necessidade dos lugares de encontro onde se subentende que as leis da evidência foram invertidas, a partir do momento que descobrimos sua existência e que temos idade para frequentá-los). Escrevi: «impossível exprimir para ele» esses sentimentos. É claro. Mas, antes, de formulá-los nesses termos para mim mesmo. Eu ainda era jovem demais e toda a cultura era — é ainda muito amplamente — organizada de tal maneira que não dispomos nessa idade de referências, imagens, discursos para compreender e nomear esse apego afetivo tão intenso senão pelas categorias da «amizade». Um dia quando o professor de música pediu para os alunos identificarem um trecho que ele nos fazia escutar, fiquei estupefato ao ver esse menino levantar a mão depois de alguns compassos e anunciar triunfante: «*Uma noite no monte Calvo*, de Mussorgsky!». E eu, para quem essa aula era simplesmente ridícula, esse tipo de música, insuportável, eu que nunca tivera dificuldade em fazer uma chacota, mas que queria antes de tudo agradá-lo, fui desarmado pela seguinte descoberta: ele conhecia e amava o que me parecia ser apenas objeto de riso e rejeição, o que chamávamos na minha casa de «grande música» quando topávamos com uma rádio que a transmitia e que nos apressávamos para desligar, dizendo: «Não estamos na missa».

Ele tinha um nome bonito. Eu, um nome banal. Isso simbolizava de alguma forma a distância social entre ele e mim. Ele morava com a família em uma grande casa situada em um bairro abastado perto do centro da cidade. Ir à casa dele me impressionava e me intimidava. Eu não queria que ele entendesse que eu morava em um conjunto habitacional novo da periferia e eu era evasivo quando ele me fazia perguntas sobre esse assunto. Um dia, no entanto, curioso sem dúvida em saber onde e como eu vivia, ele veio tocar na minha porta sem ter me avisado antes. Eu fiquei mortificado, apesar da gentileza que representava esse gesto, que eu deveria ter considerado uma maneira de ele me mostrar que eu não tinha nenhuma razão para sentir vergonha. Ele tinha irmãos e irmãs mais velhos que estudavam em Paris, e, devido à atmosfera familiar em que vivia, sua conversa era permeada de nomes de cineastas ou escritores: ele me falava de filmes de Godard, de romances de Beckett... Ao lado dele, eu me sentia muito ignorante. Ele me ensinava tudo aquilo, e sobretudo o desejo de aprender tudo aquilo. Ele me fascinava e eu aspirava a me parecer com ele. E me pus também a falar de Godard, cujos filmes eu nunca tinha visto, e de Beckett, cujos livros eu nunca tinha lido. Ele era evidentemente um bom aluno e nunca perdia a oportunidade de mostrar uma distância diletante do mundo escolar, e eu tentava jogar o mesmo jogo, embora não dispusesse dos mesmos trunfos. Aprendi a trapacear. Eu me atribuía conhecimentos que não tinha. De que importava a verdade? Somente contavam as aparências e a imagem que eu me aventurava a fabricar e a atribuir a mim mesmo. Eu imitava até sua maneira de escrever (quero dizer: sua caligrafia), e ainda hoje as letras que traço são um dos vestígios dessa relação de outrora. Relação que, aliás, durou muito pouco tempo. Eu logo o perdi de vista. Estávamos no final dos anos 1960 e essa época marcou em nossos dois jovens espíritos uma impressão profunda mas radicalmente diversa. Ele saiu do liceu, bem antes de passar nos exames de admissão para a universidade, e «caiu na estrada». Ele admirava Kerouac, adorava tocar violão, se identificava com a cultura hippie... Eu fui mais marcado por Maio de 68 e pela revolta política: em 1969 me tornei — eu tinha apenas dezesseis anos — um militante trotskista, o que ocupou a maior parte da minha existência ao longo dos anos seguintes. E continuei até mais ou menos a idade de vinte anos, o que me levou a ler com devoção Marx, Lênin e Trótski, e isso representou para mim uma experiência intelectual decisiva, já que fez com que eu me voltasse para a filosofia.

A influência que essa amizade exerceu sobre mim e a ajuda que, sem me dar conta, esse menino me ofereceu foram, contudo, determinantes: meu *habitus* de classe me levava, inicialmente, a resistir à cultura escolar e ao tipo de disciplina que ela exige. Eu era turbulento, rebelde, e foi por um triz que forças irresistíveis não me conduziram a derivar rumo a uma recusa completa. Ele era o contrário: a cultura era seu mundo, desde sempre. Ele escrevia contos — no registro do fantástico. Eu queria segui-lo nesse caminho, e me pus também a escrever. Ele tinha um pseudônimo. Decidi escolher um para mim também. Quando lhe mostrei, ele riu, porque o meu era completamente inventado (rebuscado e louco), enquanto o dele era composto, me mostrou, pelo seu segundo nome e pelo sobrenome de solteira de sua mãe. Eu não podia competir. Eu me via sempre remetido à minha inferioridade. Ele era cruel e feria sem querer, sem saber. Eu me deparei depois muitas vezes com situações análogas: nas quais os *ethos* de classe estão na origem dos comportamentos e das reações que nada mais são do que atualizações de estruturas e hierarquias sociais no momento de uma interação. A amizade não escapa às leis da gravidade histórica: dois amigos são duas histórias sociais incorporadas que procuram coexistir e, às vezes, ao longo de uma relação, por mais estreita que seja, são duas classes que, por um efeito de inércia dos *habitus*, colidem entre si. As atitudes, as propostas não precisam ser agressivas no sentido estrito do termo, nem intencionalmente nocivas, para sê-las apesar de tudo. Por exemplo, convivendo nos meios burgueses ou simplesmente na burguesia média, somos com frequência confrontados com a presunção de ser um deles. Assim como os heterossexuais sempre falam dos homossexuais sem imaginar que aqueles a quem se dirigem poderiam muito bem pertencer à espécie estigmatizada da qual eles zombam ou denigrem, assim como os membros da burguesia falam àqueles com quem convivem como se tivessem tido desde sempre as mesmas experiências existenciais e culturais que eles. Eles não percebem que o agridem ao supô-lo (mesmo que isso o lisonjeie e faça suscitar em você, já que foi preciso tanto tempo para chegar até aqui, o orgulho de «passar» por aquilo que não é: um filho da burguesia). Isso acontece às vezes com os amigos mais próximos, mais antigos, mais fiéis: quando meu pai morreu, um dos meus — um herdeiro! — a quem contei que não assistiria ao funeral, mas que iria contudo a Reims ver a minha mãe, fez o seguinte comentário: «Sim, de qualquer maneira você vai precisar estar lá para a abertura do testamento com o notário». Essa frase, pronunciada em um tom de tranquila evidência, me lembrou a que ponto as paralelas nunca se encontram, nem mesmo na relação de amizade. A «abertura do testamento»! Pelos deuses! Que testamento? Como se tivéssemos o costume, na minha família, de redigir testamentos ou de registrá-los com um notário. Para legar o quê, a propósito? Nas classes populares, não se passa nada de geração em geração, nem valores nem capitais, nem casas nem apartamentos, nem móveis antigos nem objetos preciosos...[66] Meus pais não tinham nada além de economias miseráveis, poupadas com dificuldade, ano após ano, anotadas em um livrinho da caderneta de poupança. E, de qualquer maneira, minha mãe considerava que isso lhe pertencia, pois era o que ela e meu pai tinham «guardado» juntos, tirando de suas rendas somas de que, no entanto, eles precisavam. A ideia de que esse dinheiro, o dinheiro deles, pudesse ir para alguém além dela, mesmo que fossem seus filhos, lhe parecia inadequada e insuportável. «Mas é meu! Nós nos seguramos e guardamos para o caso de uma necessidade...», exclamou com muita indignação na voz quando, tendo o banco falado que alguns milhares de euros que figuravam em sua conta conjunta deveriam ser divididos entre seus filhos e que só uma ínfima parte lhe caberia, ela teve de nos pedir para assinar um documento que lhe daria o benefício dessa «herança».

---

66   Richard Hoggart o destaca em *33 Newport Street,* op. cit.

A verdade é que aquele menino com quem convivi brevemente no liceu me deu o gosto pelos livros, uma relação diferente com a escrita, uma adesão à crença literária ou artística, que no começo não foram mais do que interpretados, e que se tornaram a cada dia um pouco mais reais. No fundo, era o entusiasmo que contava, e o desejo de descobrir tudo. O conteúdo vinha depois. Graças a essa amizade, minha rejeição espontânea — a saber, fruto da minha origem social — da cultura escolar não levou a uma recusa da cultura simplesmente, mas transmutou-se em uma paixão por tudo que dizia respeito à vanguarda, à radicalidade, à intelectualidade (Duras e Beckett me seduziram, mas Sartre e Beauvoir logo disputaram com eles a supremacia em meu coração e, na medida em que eu devia descobrir por mim mesmo esses autores e suas obras, foi muitas vezes porque eu via seu nome na base de uma petição — sobretudo durante e depois de Maio de 68 — que me voltei para eles: foi assim que comprei *Détruire, dit-elle* [Destruir, diz ela] em 1969, logo que foi lançado, com a capa que me parecia mágica das Éditions de Minuit, já que me entusiasmei pelas Memórias de Beauvoir). Passei assim sem transição das minhas leituras infantis — a série do Club des cinq na «Bibliothèque rose» da qual cada volume me havia encantado antes da minha entrada no liceu — à descoberta entusiasta da vida literária e intelectual contemporânea. Disfarçava minha incultura, minha ignorância dos clássicos, o fato de não ter lido quase nada de tudo que os outros tinham lido na minha idade — *Guerra e Paz*, *Os miseráveis*... — com uma atitude altiva e desdenhosa em relação a eles, zombando de seu conformismo: eles me tratavam como «esnobe», o que, evidentemente, eu adorava. Inventei para mim uma cultura, ao mesmo tempo que uma personalidade e uma personagem.

O que aconteceu com aquele a quem devo tanto? Não tinha a menor ideia até fazer, há alguns meses, uma busca na internet. Moramos na mesma cidade, mas vivemos em planetas diferentes. Ele continuou a se interessar por música e alcançou, ao que parece, certa notoriedade no mundo das chansons, realizando os «arranjos» de vários discos de sucesso. Não havia então nenhum arrependimento: o que poderíamos nos dizer, uma vez passado o tempo de amizade adolescente? No fundo, essa relação não durou mais do que três ou quatro anos. E suspeito que não teve para ele a importância que teve para mim.

Minhas escolhas escolares levam igualmente a marca do meio social carente de onde eu vinha. Não dispúnhamos de nenhuma das informações necessárias sobre as orientações pelas quais era preferível optar, não dominávamos nenhuma das estratégias de colocação nas redes privilegiadas: eu me voltava para a linha literária quando a melhor escolha teria sido uma linha científica (aula optativa na época, mas é verdade que eu tinha me desligado das exatas desde o terceiro ano e que eram as «letras» que me atraíam), abandonei no quarto ano o estudo de grego antigo, no qual eu brilhara no sexto e quinto anos, pois me convenci de que aquilo não servia para nada — mas foi sobretudo porque o menino de quem acabo de falar tinha decidido abandoná-lo, e eu tomava para mim seus julgamentos sobre o que deveria e o que não deveria fazer, pois queria sobretudo permanecer na mesma turma que ele —, mantendo apenas o latim, cujo interesse me parecia também cada vez menos claro; e, ao contrário, nesse caso, daquele que me servia de «guia», escolhi o espanhol como segunda língua vernácula em vez do alemão para o qual se voltavam as crianças da burguesia ou de profissões intelectuais. A aula de espanhol reunia os alunos mais fracos do liceu, do ponto de vista escolar, e sobretudo os que vinham dos meios menos favorecidos — esses dois registros estavam estatisticamente ligados —, e essa escolha que na realidade não o era mas prefigurava na realidade uma eliminação direta mais ou menos no longo prazo ou uma relegação a uma dessas redes descartadas originadas da «democratização» e que sustentavam a explosiva demonstração de que esta não era em grande parte mais que um engodo. Eu ignorava tudo isso, claro. Eu me deixava levar por meus gostos e minhas aversões. O sul me atraía, a Espanha, e eu queria aprender espanhol (minha mãe me lembrou recentemente, quando zombei de suas fantasias biológicas a propósito da Andaluzia: «Mas você também não parava de falar da Espanha quando era novo, e nunca tinha ido para lá. Pois bem, deve haver uma razão»). A Alemanha e a língua alemã me inspiravam profunda aversão, até mesmo repulsa. Nesse sentido, eu era nietzschiano antes de ter lido Nietzsche e de conhecer *Ecce homo* e *O caso Wagner*: o Mediterrâneo como horizonte, o calor contra o frio, a leveza contra a gravidade, a vivacidade contra o espírito dos sérios. A alegria do meio-dia contra a tristeza da noite. Na verdade, eu pensava escolher e fui escolhido, ou ao menos cativado pelo que me esperava. Aquilo de que me dei conta quando um professor de letras que se preocupava com o meu êxito me fez notar que a escolha do espanhol me comprometia com uma rede de segunda ordem e me fazia vegetar no meio dos piores alunos do liceu. Em todo caso, entendi bem rápido, esse era o caminho que seguiam os que se pareciam socialmente comigo, e não aqueles a quem eu me assemelhava escolarmente (o que significa que uma criança das classes populares, mesmo quando é um aluno muito bom, tem todas as chances de seguir maus caminhos e percursos, isto é, de se encontrar sempre à parte, e abaixo, das vias de excelência, que são mais sociais do que escolares).

Segui a via «literária» no meu último ano. O ensino de filosofia que eu receberia era, infelizmente, absurdamente aflitivo: um professor aborrecido, mas jovem, já que tinha acabado de obter o CAPES,[67] abordava os pontos do programa nos ditando uma matéria cuidadosamente divida em parágrafos: «Letra a minúscula, a tese de Bergson, letra bê minúscula, a tese de...». Sobre cada tema, ele nos lia suas fichas e propunha resumos insípidos de doutrinas e obras que ele mesmo só devia conhecer por meio de manuais escolares. Nada era problematizado. Todo desafio havia desaparecido. Aquilo não apresentava nenhum interesse, sendo assim impossível de se interessar. Ele apreciava e aconselhava a seus alunos livros ridículos (a alguns de nós emprestou *O despertar dos mágicos*, de Louis Pauwels, e outras idiotices desse gênero!). Eu ansiava por ser iniciado no pensamento e na reflexão. Estava pronto para o entusiasmo, e a mais rasteira das rotinas professorais veio jogar um balde de água fria nos meus ardores. Era de dar aversão pela filosofia. Eu não tive a sorte de ter um desses professores cujo verbo fazia vibrar a turma e do qual nos lembramos pela vida toda; que nos inicia em autores cuja obra passamos então a devorar. Não, nada, senão o tédio, a monotonia. Eu «sugava» as matérias o máximo possível. Para mim, a filosofia era o marxismo e os autores que Marx citava. Por intermédio de Marx, fui arrebatado de paixão pela história do pensamento filosófico. Eu lia muito e tive, como consequência, uma excelente nota no exame de admissão para a universidade. Foi o mesmo caso nas outras matérias (em história, me perguntaram sobre Stálin: eu era trotskista, sabia tudo!) e passei na prova

---

[67] CAPES, «Certificado de Aptidão ou Professorado de Ensinamento do Segundo Grau», é um certificado requerido para ensinar em liceus públicos na França. [N. T.]

sem o menor problema, até com bastante facilidade. Para meus pais, isso constituía um evento apenas imaginável. Eles ficaram perturbados.

Eu ia me inscrever na faculdade de letras e ciências humanas. Era preciso escolher uma matéria e eu hesitava entre inglês e filosofia. Optei pela filosofia, que correspondia mais à imagem que eu fazia de mim mesmo e que dali para a frente ocuparia a minha vida e modelaria a minha pessoa. Em todo caso, eu me sentia lisonjeado com a minha própria escolha. Tornar-me «estudante de filosofia» me deixava ingenuamente feliz. Não conhecia nada sobre as turmas preparatórias para as Grandes Écoles, *hypokhâgnes* e *khâgnes*, nem sobre as provas de ingresso nas Escolas Normais Superiores. No meu último ano do liceu, eu desconhecia até mesmo a existência de ambas. Não é somente o acesso a essas instituições que era, e ainda é, talvez cada vez mais, reservado a alunos que não vêm de classes populares, mas o simples conhecimento do fato de que de tais possibilidades existem. A questão nem me era colocada. E, quando ouvi falar dela, quando já tinha entrado na universidade, me senti — que inocência! — superior aos que, coisa estranha aos meus olhos, conduziam seus estudos no cenário de um liceu depois de ter passado no exame de admissão para as universidades, enquanto «fazer faculdade» me parecia ser aquilo a que todo estudante devia aspirar. Ainda aqui, a ignorância das hierarquias escolares e a ausência de domínio dos mecanismos de seleção levam a fazer as escolhas mais contraprodutivas, a eleger os percursos condenados, maravilhando-se de ter acesso ao que evitam cuidadosamente aqueles que conhecem. De fato, as classes desfavorecidas acreditavam acessar aquilo de que antes estavam excluídas, só que, quando lá chegavam, essas posições tinham perdido o lugar e o valor que possuíam num estágio anterior do sistema. A relegação se opera mais lentamente, a exclusão se produz mais tardiamente, mas o hiato entre os dominantes e os dominados permanece intacto: ele se reproduz ao se deslocar. É o que Bourdieu chama de «translação da estrutura».[68] O que designamos sob o nome de «democratização» é uma translação na qual a estrutura, para além das aparências da mudança, se perpetua e se mantém, quase tão rígida quanto antes.

---

68   Pierre Bourdieu, *La Distinction,* op. cit., pp. 145 ss.

3.

Assim que entrei na universidade, minha mãe me disse, certo dia, com o tom de alguém que havia refletido longamente antes de anunciar sua decisão: «Podemos pagar dois anos de faculdade, mas depois você vai ter que trabalhar. Dois anos já está bom demais». Aos seus olhos (como aos do meu pai), era um grande privilégio prosseguir os estudos na universidade até os vinte anos. Eu ainda não tinha plena consciência de que os estudos literários em uma universidade do interior não passavam de — ou não eram nada mais que — uma via de relegação. Sabia, contudo, que aquilo não seria o suficiente para permitir que eu encontrasse um ramo profissional, pois eram precisos três anos para obter a graduação e quatro para o mestrado. Os nomes dessas formações me pareciam maravilhosos. Eu desconhecia que elas já tivessem começado a perder quase todo o valor. Mas, como eu queria me tornar professor em um liceu, era preciso obtê-las antes de poder passar nas provas de recrutamento para o ensino secundário, CAPES e agregação. Além disso, eu não podia vislumbrar deixar a universidade tão cedo, porque estava apaixonado pela filosofia. Não aquela, é claro, empoeirada e soporífera que me ensinavam lá. Mas sim aquela que eu mesmo me ensinava, a saber, desde então, principalmente Sartre e Merleau-Ponty. Eu tinha me apaixonado também pelos marxistas humanistas dos países do Leste, em particular por Karel Kosik, cuja

Dialética do concreto exerceu sobre mim uma estranha sedução: eu não guardei nenhuma lembrança desse livro, a não ser que ele me agradou tanto que o li e reli várias vezes de cabo a rabo durante dois ou três anos. Admirava também *História e consciência de classe* da primeira fase de Lukács (eu detestei a segunda, dos anos 1950, por causa dos seus ataques stalinistas contra Sartre e o existencialismo em *A destruição da razão*), Karl Korsch e alguns outros autores que defendiam um marxismo aberto, não dogmático, como Lucien Goldmann, sociólogo hoje bem esquecido, aliás, talvez injustamente, mas na época bastante importante, cujos *Le Dieu caché* [O Deus escondido] e *Ciências humanas e filosofia* me pareciam o auge da sociologia das obras... Eu enchia minhas dissertações de referências a esses autores, o que devia parecer bem incongruente aos professores reacionários para quem eu as escrevia (dois deles tinham acabado de lançar juntos um livro intitulado *Un crime, l'avortement* [Um crime, o aborto]), os quais, mesmo convencidos de que eu era de muito longe, como um deles me declarou, o melhor aluno que já tiveram, as devolviam com comentários elogiando «a originalidade da minha reflexão», mas com notas que não passavam de 10/20 — quase sempre esse 10, que às vezes chegava até 12 quando eu jogava o jogo deles, com mais ou menos alegria, citando Lavelle, Nédoncelle, Le Senne ou outros dos autores de sua predileção... Era só nas lições de história de filosofia que eu podia brilhar, mesmo que o Platão ou o Kant que eu lhes restituía lhes parecessem demasiado marcados pela leitura dos pensadores que me inspiravam.

Assim que entrávamos nesse departamento de filosofia, onde reinava um torpor desmobilizador e desmoralizante, em total contraste com a animação que caracterizava os outros setores da faculdade, chegava-se ao seio de um universo fechado do qual os barulhos e as cores da realidade exterior pareciam ter sido banidos. O tempo ali parecia congelado em uma eternidade imóvel: ali, Maio de 68 não tinha existido, nem a crítica social, política, teórica que havia acompanhado e seguido esse grande movimento de revolta. Eu aspirava a aprender, a descobrir o pensamento do passado e aquele do presente e a compreender sua relação com o mundo que nos cercava, e eis que éramos soterrados por explicações rasteiras e redundantes de autores e de textos que bastaria ler sozinho para compreender seu alcance melhor do que ouvir aqueles que eram pagos para nos apresentá-los. Tudo aquilo exalava o espírito escolar, no sentido mais triste e desolador do termo. Na época, faculdades eram criadas ou se desenvolviam por toda parte na França e acredito que não se prestava muita atenção na qualidade daqueles que eram nomeados professores. E isso se provou desalentador: o número de estudantes diminuía ao longo dos meses e eu mesmo quase fui também levado, no final do meu primeiro ano, por essa onda de deserções. O que não era, a propósito, mais do que a amplificação de um fenômeno mais geral, dado que esse mesmo destino espreitava, em todas as disciplinas, uma boa parte dos estudantes vindos de classes populares que tinham conseguido sobreviver até ali: entregues a si mesmos para organizar os estudos, depois das coerções do liceu, não conseguiam estabelecer regras de assiduidade e, como nenhuma pressão do meio familiar os incentivava a continuar, muito pelo contrário, a máquina de eliminação era rapidamente acionada, tendo por mecanismo principal a força centrífuga do desinteresse e da renúncia.

 Atravessei um período de incerteza: no final do primeiro ano, só passei nas provas durante a recuperação, em setembro. Isso provocou em mim um sobressalto. Decidi seguir em frente. Mas sentia em relação a essas personificações caricaturais de certa mediocridade universitária que eram os professores de que acabo de falar sentimentos que eu gostava de imaginar próximos àqueles registrados por Nizan em seu livro sobre os docentes da Sorbonne nos anos 1920 e 1930: uma ira diante desses «cães de guarda» da burguesia. Só que não tinha nada a ver: os filósofos a quem Nizan se referia com tanta dureza eram todos espíritos brilhantes e professores eminentes. Eles se dirigiam aos jovens da classe dominante e se dedicavam a corroborá-los com uma visão de mundo propícia à manutenção da ordem estabelecida. Mas os meus! Repetidores sem talento de uma cultura que eles teimavam em tornar inútil ao esvaziá-la de toda substância, eles eram incapazes de conservar o que quer que fosse, já que não transmitiam nada aos alunos, que, de qualquer forma, não tinham chance alguma de alcançar um dia posições de poder. Nada! Exceto, a despeito deles e contra eles, o desejo, em alguns de seus estudantes, de dar o fora e de ler outra coisa.

É evidente que o que constituía meu horizonte intelectual era totalmente estranho a meus professores, o que dava lugar a cenas engraçadas, como no dia em que, tendo acabado de citar Freud em uma apresentação, objetaram que ele «reduzia tudo aos mais baixos instintos do homem», ou ainda quando, ao mencionar Simone de Beauvoir, fui interrompido pelo mesmo professor ultracatólico, que reinava no departamento de filosofia, com um muito seco: «Você parece ignorar que senhorita De Beauvoir não tinha respeito à sua mãe», alusão, imagino, ao belíssimo livro *Uma morte muito suave*, no qual Beauvoir — «Senhorita»! Eu ri durante meses desse modo de designá-la — conta a morte, e também a vida, de sua mãe.

Tínhamos aulas sobre Plotino e Maine de Biran (eu não entendia nada e tinha dificuldade em encontrar ali qualquer interesse que fosse), mas nunca sobre Espinosa, Hegel ou Husserl, que pareciam não ter existido. Quanto à «filosofia contemporânea», ela não ia além do existencialismo (que um dos professores abordava no contexto de um programa muito didático mas bem embasado sobre «Bergson e o existencialismo», no qual mostrava tudo o que Sartre devia ao bergsonismo). Durante os quatro anos que passei nesse departamento, nunca ouvi falar de Lévi-Strauss, Dumézil, Braudel, Benveniste, Lacan... cuja importância era havia muito tempo reconhecida. Nem, é óbvio, de autores como Althusser, Foucault, Derrida, Deleuze, Barthes... que já tinham, no entanto, alcançado grande notoriedade. Mas isso era em Paris, e nós estávamos em Reims. Embora estivéssemos a não mais de 150 quilômetros da capital, um abismo nos separava da vida intelectual que lá se reinventava com uma intensidade inigualável desde o período do pós-guerra. No fundo, os entusiasmos filosóficos da minha juventude, tenho plena consciência, estavam ligados à minha situação provinciana e às minhas origens de classe. O que eu vivia como a escolha de um tipo de pensamento filosófico me era ditado na realidade por minha posição social. Se eu tivesse sido estudante em Paris, ou a uma distância menor dos polos onde se elaboravam — e se celebravam — as novas vias do pensamento e da teoria, minhas escolhas estariam impregnadas de Althusser, Foucault ou Derrida, e não de Sartre, que eu teria encarado com desdém, como descobri um pouco mais tarde ser regra nos meios parisienses, nos quais se preferia Merleau-Ponty, considerado mais sério, ainda que menos célebre no «século» (Althusser o ressalta em suas Memórias póstumas). Estou no entanto convencido, ainda hoje, de que Sartre é um pensador muito mais potente e original que Merleau-Ponty, que era sobretudo um professor, um universitário bem clássico, cuja abordagem se inspirou a propósito durante muito tempo nas ideias de Sartre, antes de romper com ele. De maneira mais geral, eu teria ficado receoso de seguir as produções mais avançadas da modernidade intelectual. Mas, naquela época e naquele lugar, eu só juraria em nome de Sartre. Era realmente, para mim, santo Sartre. Ao olhar para trás, não lamento esse entusiasmo passado. Prefiro ter sido sartriano do que althusseriano. Aliás, depois de um longo período de ruptura com esses primeiros amores intelectuais, minhas inclinações «existencialistas» se lembrariam de mim quando desenvolvi minha própria obra, na qual a referência a Sartre viria a se misturar e a se conjugar às minhas leituras mais tardias de Foucault e Bourdieu.

Mas, para continuar a me interessar por esse pensador que me fascinava, eu precisaria ganhar a vida. Muitos estudantes conciliavam os estudos com uma atividade profissional que lhes permitia arcar com suas necessidades. E eu não tinha outra escolha a não ser me resignar em ser um deles se quisesse evitar que minhas aspirações à vida intelectual se espatifassem no muro de um princípio de realidade — econômica — de que a minha família me lembrava quase todo dia.

Mas um lance de sorte veio então abolir a necessidade. Não sei como fiquei a par dessa possibilidade, nem como me veio a ideia de arriscar. Seja como for, no final do meu segundo ano de universidade, me inscrevi como candidato e passei nas provas de IPES (o que devia significar: Instituto Pedagógico do Ensino Secundário, mas não tenho certeza). A prova escrita era composta de uma dissertação geral e de um comentário de texto. Eu seria incapaz hoje de dizer qual foi o tema da dissertação. O texto a ser comentado era um excerto de *O mundo como vontade e representação*, de Schopenhauer. Eu tinha acabado de ler diversas obras sobre Nietzsche, particularmente sobre sua relação com Schopenhauer, e, armado desse saber recente, não tive a menor dificuldade de brilhar. Os demais candidatos, sem dúvida desconcertados pela estranheza e pela dificuldade da passagem, não se saíram tão bem. Quando anunciaram os resultados, constatei com alegria que a lista de admitidos apresentava apenas um nome: o meu. Sozinho na disputa, só me restava passar em duas provas orais, mas a partida estava quase ganha. Passei exatamente na média em sociologia, mas em língua — eu tinha escolhido inglês — soube traduzir sem nenhum erro um texto de Marcuse, e o meu comentário — no qual aproximei sua ideia de «atomização» dos indivíduos do conceito sartriano de serialidade — me valeu os cumprimentos do professor do departamento de inglês que aplicou a prova oral assim como uma nota bastante alta. Eu tinha ultrapassado o obstáculo e seria portanto um «aluno-professor»: um salário me seria garantido por pelo menos dois anos, talvez três se eu obtivesse uma boa qualificação na tese de mestrado (o que seria o caso). O mais espantoso é que nada foi exigido em troca durante o tempo de estudo: comprometia-se apenas a trabalhar dez anos no ensino secundário uma vez aprovado nos exames de recrutamento (CAPES e agregação). Mas o número de vagas era tão pequeno na época (prestei a prova de agregação duas vezes: no primeiro ano eram dezesseis vagas, no segundo, catorze, enquanto havia mais de mil candidatos) que eu não tinha nenhuma chance de conseguir. Para tanto, seria preciso — e nada mudou desde então, pelo contrário — ter seguido o caminho ideal: aulas preparatórias e Escolas Normais Superiores. Meu fracasso estava antecipadamente decidido. Descobri isso mais tarde. Por ora, só importavam minha nova situação e a alegria que ela me proporcionou: eu receberia um salário para me dedicar aos estudos.

Abri uma conta no banco e, tão logo o dinheiro começou a chegar, aluguei um quarto na cidade, perto do centro, apesar das reticências dos meus pais, que preferiam que eu continuasse a viver com eles e que «desse meu ordenado». Eles tinham arcado com minhas necessidades e minha mãe teve muita dificuldade de entender e aceitar que deixasse a casa da família no mesmo dia em que comecei a ganhar a vida, em vez ajudá-los por minha vez. Isso deve tê-la perturbado. Ela hesitou, é certo. Mas, mesmo quando eu era menor (a maioridade era aos 21 anos), ela se resignou e não procurou me impedir. Pouco depois, decidi me mudar para Paris. Eu tinha vinte anos. Tinha sonhado tanto com isso. Fascinado pelas Memórias de Beauvoir e por tudo que ela evocava, eu queria conhecer os lugares de que ela falava, os bairros que descrevia. Sei hoje que isso provém da lenda heroica, de uma visão um tanto mistificada. Mas essa lenda me maravilhava, me hipnotizava. Era, para dizer a verdade, uma época em que a vida intelectual, suas relações com a vida política, social, cultural exerciam uma atração magnética e suscitavam o desejo de participar desse mundo das ideias: admirávamos as grandes figuras, nos identificávamos com elas, ansiávamos nos integrar a esse gesto criador. Nós nos projetávamos no futuro sob a figura de um intelectual, de alguém que escreveria livros, trocaria ideias com os outros ao longo de discussões febris, interviria na política, tanto do ponto de vista prático quanto do ponto de vista teórico... Eu poderia dizer que os livros de Simone de Beauvoir e o desejo de viver livremente minha homossexualidade foram as duas grandes razões que presidiram minha mudança para Paris.

Eu ainda estava inscrito na universidade de Reims, já que o salário que eu recebia era pago pela reitoria dessa academia, e voltava então quase toda semana para assistir às aulas ou sobretudo marcar presença. Era lá que fazia meu mestrado. Escrevia uma dissertação sobre «O eu e o outro no existencialismo francês», na qual me dedicava aos primeiros trabalhos de Sartre até *O ser e o nada*, e à sua relação com Husserl e Heidegger. Não guardei nenhum exemplar e só tenho uma ideia bastante vaga do que ela continha. Exceto que, no final da introdução, ataquei o estruturalismo, explicitamente Lévi-Strauss e o Foucault de *As palavras e as coisas*, cujo erro maior consistia, aos meus olhos de então, em «negar a história». Eu não tinha lido nem um nem outro, mas proferia contra eles os lugares-comuns que funcionavam com os autores marxistas que eu tinha tomado como minhas referências, particularmente Lucien Goldmann, e sobretudo Sartre, que não tinha parado de reafirmar, contra o pensamento estruturalista, a liberdade do sujeito, que ele havia rebatizado de «práxis» em seus textos dos anos 1960, nos quais se esforçava por reelaborar — conservando-os — os princípios filosóficos definidos em *O ser e o nada* a fim de conciliá-los com sua adesão posterior ao marxismo, e assim dar um lugar às determinações históricas mantendo a ideia ontológica de uma extração fundamental da consciência — a «nadificação» — dos entraves da história e da lógica dos sistemas, das regras, das estruturas...

Obtive meu diploma com louvor e, graças ao ano suplementar do IPES de que por isso pude me beneficiar, saí finalmente dessa universidade que, na época, era sem dúvida uma universidade de terceira e me inscrevi no DEA da Sorbonne (Paris-I),[69] ainda me preparando para a agregação. Por razões que hoje me escapam, eu não era mais obrigado, mesmo ainda sendo pago pela academia de Reims, a me inscrever naquela cidade. Sem dúvida porque o DEA constituía o primeiro ano da tese e assim já não havia obrigação de respeitar as consignações geográficas do «mapa escolar». Eu já morava em Paris havia dois anos e podia finalmente ser também estudante em Paris... Reims tinha ficado para trás. Eu já não tinha razões para ir para lá. E não ia. Minha vida era parisiense. Eu estava feliz. Na Sorbonne, eu tive professores bons, até excelentes e apaixonantes. Comparados aos de Reims, era como o dia e a noite. Durante dois ou três anos, eu assistiria com assiduidade às aulas de vários deles. De certa maneira, foi nesse momento que me tornei estudante de filosofia. Tive de recuperar meu atraso — que eu podia medir todo dia ao me comparar com aqueles que se sentavam ao meu lado nos bancos dos anfiteatros —, e passava o tempo todo lendo. Poderíamos falar de uma educação filosófica diferenciada. Eu me dedicava a ela de maneira incansável: Platão, Descartes e Kant retomavam as cores, e eu podia finalmente descobrir a sério Espinosa e Hegel...

Consegui com sucesso meu DEA, para o qual escrevi uma dissertação sobre Nietzsche e a linguagem (o que fiz dela? Não sei mais. Nem tenho certeza de ter guardado um

---

69   DEA, «Diploma de estudos aprofundados», concedido entre 1964 e 2005 nas universidades francesas, hoje equivalente ao segundo ano de um mestrado. [N. T.]

exemplar). E não passei, como devia, na agregação. Não me senti muito afetado, pois era o que eu esperava. Eu tinha entendido que não estava no nível de um concurso desse gênero.

Eu me inscrevi em seguida para o doutorado, e escolhi trabalhar as filosofias da história, de Hegel ao Sartre da *Crítica da razão dialética*. Não me vinha mais ao espírito ir até Foucault e *Vigiar e punir*, que tinha acabado de ser lançado, mas que não tive vontade nem mesmo a ideia de ler. Eu iria no entanto, pouco tempo depois, descobrir a obra emergente de Pierre Bourdieu, depois a de Foucault, já bem estabelecida. Meu universo teórico oscilaria. E Sartre, consequentemente, foi deixado de lado em um recanto do meu espírito, antes de sair, depois de uma quinzena de anos, desse purgatório interior em que eu o havia então colocado. Mas, por ora, a fim de bem conduzir meu projeto de tese e poder tentar uma segunda vez a agregação no final do ano de DEA, minhas condições de vida tinham mudado: eu não recebia mais salário e teria de me virar para ganhar um pouco de dinheiro. Passei a trabalhar como zelador noturno várias noites por semana em um hotel na rue de Rennes (saía às 8 horas da manhã e ia diretamente para a aula na Sorbonne, antes de seguir para casa à tarde para dormir. Era exaustivo e não consegui manter o ritmo mais do que alguns meses). Depois arranjei um trabalho à noite, de 18 horas até meia-noite, em um subúrbio próximo: eu tomava conta dos computadores, que naquele tempo pareciam altos armários metálicos, e garantia a salvaguarda dos dados que ronronavam nessas máquinas gravando-os em fitas magnéticas do tamanho de uma bobina de filme. À meia-noite, eu corria para a estação para não perder o último trem para Paris. Isso não tinha nada de apaixonante, mas pelo menos eu dispunha de tempo para ler e aproveitava essas horas trancado nesse escritório para estudar a sério os autores do programa (me revejo lendo, noites inteiras, Descartes e Leibniz). Quando não passei pela segunda vez na agregação apesar das notas muito boas na prova escrita, eu me senti bastante desesperado. Tinha colocado muita esperança e muita energia nesse concurso e na ideia de que poderia me tornar professor do ensino secundário, e aquilo não tinha servido de nada. O Ministério da Educação não queria a minha pessoa lecionando em um liceu — e eu fui então liberado de meu comprometimento em servir dez anos no corpo docente, já que não me haviam fornecido um posto de «professor-assistente», isto é, professor substituto e não titular. Eu tampouco tinha os meios para continuar meus estudos por muito tempo ainda para poder me voltar para uma carreira universitária, da qual compreendi a que ponto estava evidente que somente os «herdeiros», social e economicamente privilegiados, podiam abraçar. Eu havia fugido do meu meio social, mas fui apanhado por minhas origens: eu teria de abrir mão da minha tese, das minhas ambições intelectuais, das ilusões em que elas se sustentavam. A verdade denegada do que eu era me fazia lembrar dela e impunha sua lei: eu devia encontrar um trabalho de verdade. Mas como? E qual? Vê-se bem aqui que o valor dos diplomas está estreitamente ligado à posição social: não somente meu DEA não tinha constituído para mim a via de acesso a um doutorado, o que ele era para outros, já que era preciso para isso ter dinheiro para viver durante o tempo de sua redação (ou então, nos obstinamos a acreditar que o estamos redigindo, até o dia em que devemos nos render à evidência: não o estamos escrevendo porque temos um emprego que devora o tempo e a energia), mas ainda, e profiro aqui uma verdade cuja evidência é tão flagrante que é inútil demorar para mostrá-la: tal diploma não possui o mesmo valor e não oferece as mesmas possibilidades de acordo com o capital social de que dispomos e do volume de informação necessário às estratégias de conversão do título em contratação profissional. Nessas situações, a ajuda da família, das relações, das redes de conhecidos etc., tudo contribui para conferir ao diploma o seu verdadeiro valor no mercado de trabalho. E, quanto ao capital social, é preciso dizer que eu não possuía nenhum. Ou, para ser mais específico: eu não possuía. E tampouco informações. Portanto meu diploma não valia nada ou, em todo caso, não valia grande coisa.

V.

1.

Quando rememoro esses anos da minha adolescência, Reims me aparece não apenas como o lugar de um ancoramento familiar e social que eu precisava abandonar para existir de outra maneira, mas também, e isso da mesma forma foi determinante no que guiou as minhas escolhas, como a cidade do insulto. Quantas vezes me chamaram de «bicha» ou de outras palavras equivalentes? Não saberia dizer. A partir do dia que o conheci, o insulto não deixou de me acompanhar. Ah, é claro, eu o conhecia desde sempre... Quem não o conhece? Aprendemos o insulto ao aprender a linguagem. Até antes de saber o que significava, eu o ouvia tanto na minha casa quanto fora do lar familiar.

Contei anteriormente que meu pai exprimia sua raiva ao ver personalidades políticas quando assistia à televisão. O mesmo acontecia quando ele via surgir na tela aqueles que execrava por causa de sua verdadeira ou suposta sexualidade. Jean Marais aparecia nos créditos de abertura de um filme? Meu pai repetia então de cinco em cinco minutos: «É uma bichona», «é um marica», «é um baitola», e ainda piorava quando minha mãe não perdia uma oportunidade de dizer que o achava bonito. Ela não gostava desse tipo de expressão e respondia sistematicamente: «Mas o que é que você tem a ver com isso?», ou, «Cada um faz o que quer, você não tem nada que se meter...». Às vezes ela mudava de registro e ficava debochada: «Pode ser, mas ele é mais rico que você». Descobrir pouco a pouco quais eram os meus desejos e o que seria a minha sexualidade significou portanto para mim entrar nessa categoria previamente definida e estigmatizada por esses termos de insulto e experimentar o efeito de terror que eles exercem sobre aqueles que são seus alvos e os sentem como àquilo a que correm o risco de serem expostos durante toda a vida. O insulto é uma citação que vem do passado. Só tem sentido porque foi repetido antes por tantos outros enunciadores: «Uma palavra vertiginosa vinda do fundo dos tempos», como diz um verso de Genet. Mas também representa, para aqueles que visa, uma projeção no futuro: o pressentimento horrível de que essas palavras e a violência que elas carregam sempre os acompanharão ao longo da vida. Virar gay é virar alvo, e se dar conta de que se era potencialmente o alvo antes mesmo de se tornar alvo de fato, e portanto antes de termos consciência disso, de um vocábulo que se ouviu mil vezes e cuja força injuriosa se conhecia desde sempre. É-se precedido por uma identidade estigmatizada que se passa por sua vez a habitar e personificar e com a qual é preciso lidar de uma maneira ou de outra. E, se são diversas e numerosas as maneiras possíveis de lidar com ela, são todas marcadas pelo selo dessa potência constituinte do proferir injurioso. Não que a homossexualidade seja uma saída que inventamos para não sufocar, como sugere Sartre em uma fórmula enigmática em relação a Genet, mas sobretudo porque a homossexualidade impõe achar uma saída para não se asfixiar. Não posso deixar de pensar que a distância que se instaurou — que me esforcei por instaurar — em relação ao meu meio social e a criação de mim mesmo como «intelectual» constituíram a maneira que inventei para lidar com o que eu estava me tornando e que só podia me tornar ao me inventar diferente daqueles de quem eu diferia. Eu me descrevi anteriormente, ao evocar minha trajetória escolar, como um «milagre»: é possível que, no meu caso, o que impulsionou esse «milagre» tenha sido a homossexualidade.

Assim, antes mesmo de descobrir que era de mim que ele falava, o insulto me era familiar. Eu mesmo o tinha empregado mais de uma vez e, para ser franco, continuei a dirigi-lo aos outros, quando tinha catorze ou quinze anos, depois de ter entendido que era de mim que ele falava, a fim de desviá-lo de mim, de me proteger: com dois ou três alunos da minha turma, zombávamos de um menino do liceu que considerávamos efeminado e que chamávamos de «baitola». Ao insultá-lo, eu também me insultava, por minha vez, e o mais triste é que eu sabia disso confusamente. Só que eu estava sendo incitado pelo irreprimível desejo de afirmar meu pertencimento ao mundo dos «normais», de evitar o risco de ser dele excluído. Era também sem dúvida uma maneira de mentir para mim mesmo e mentir para os outros: um exorcismo.

Logo, no entanto, me tornei o destinatário direto do insulto, já que era a mim pessoalmente que ele se dirigia. Fui cercado por ele. E pior ainda: definido por ele. Ele me acompanhava por toda parte, para me lembrar sem parar que eu violava a regra, a norma, a normalidade. No pátio do liceu, no bairro em que eu morava... ele estava lá, de tocaia, prestes a surgir, e surgiria quase inevitavelmente. Estava a caminho de um ponto de encontros, quando descobri, aos dezessete anos, a existência de tais lugares — uma rua pouco discreta entre o Grand Théâtre e o Palácio de Justiça —, um carro passou com velocidade reduzida e pobres tipos berravam «Bichas!» para os que estavam ali. Era como se uma conspiração organizada tivesse decretado que essa agressão verbal só podia adquirir toda a sua força e toda a sua eficácia se fosse repetida sem parar, por toda parte. Eu tive de aprender a viver com isso. Como fazer de outra forma? Mas nunca consegui realmente me acostumar com isso. A cada vez, o ato sempre reiterado da denominação injuriosa que me era dirigida me atravessava como uma facada, me aterrorizava também, porque significava que sabiam ou farejavam o que eu era, enquanto eu tentava esconder, ou que me consignavam um destino, o de ser para sempre submetido a essa denúncia onipresente e à maldição que ela proferia. Eu era exposto em praça pública: «Olha só o que ele é, será que ele acha mesmo que pode fugir da nossa vigilância?». De fato, era toda a cultura ao meu redor que me gritava «bicha», se não «baitola», «boiola», «fresco» e outros vocábulos medonhos cuja simples evocação hoje faz reviver em mim a lembrança, que nunca desapareceu, do medo que me inspiravam, da ferida que me infligiam, do sentimento de vergonha que gravavam no meu espírito. Sou um produto da injúria. Um filho da vergonha.

Alguém me dirá: o insulto é secundário, o desejo é primário e é dele que se deve falar! É verdade que viramos objeto da injúria porque experimentamos o desejo que ela condena. E eu desejava garotos da minha turma, do clube de remo que frequentei durante algum tempo (entre treze e quinze anos), da organização política de que me tornei militante aos dezesseis anos... E foi a princípio com dois garotos desse clube de remo, depois com um menino da minha turma, no segundo ano, que tive minhas primeiras experiências sexuais. Mas não com os da organização trotskista de que falei. Mesmo se não despejasse a homofobia que reinava no Partido Comunista ou nos movimentos maoistas, a militância trotskista era fundamentalmente heterossexista e de toda maneira pouco acolhedora da homossexualidade. Nela se recitava um catequismo reichiano sobre a «revolução sexual», um freudomarxismo em que a condenação da homossexualidade pelo marxismo tradicional se misturava com a conduzida pela psicanálise: a ideia segundo a qual a sociedade burguesa repousaria sobre a repressão da libido e sobre o desvio da energia libidinal para a força de trabalho, e que, como consequência, a liberação sexual contribuiria para a chegada de outro sistema social e político, continha um julgamento depreciativo sobre a homossexualidade, considerada um mero efeito dos tabus sexuais, destinada a desaparecer com eles. Na realidade, eu sentia todos os dias que não havia lugar para mim no marxismo, e, dentro desse contexto como em toda parte, eu teria de viver uma vida dividida. Eu estava dividido em dois: metade trotskista, metade gay. Duas identidades separadas, que pareciam irreconciliáveis e que, de fato, eu tinha muita dificuldade em conciliar e que, cada vez mais, tinha dificuldade em manter juntas. Entendo por que o movimento gay dos anos 1970 só pôde nascer ao romper com esse tipo de organização e pensamento político, mesmo que tenha permanecido fortemente marcado, em alguns de seus componentes, pela ideologia reichiana.[70] E é em grande parte contra esse discurso freudomarxista e, mais amplamente, contra o marxismo e a psicanálise, que Foucault se colocará a escrever, em meados dos anos 1970, a *História da sexualidade*, com a intenção, sobretudo, de forjar uma nova abordagem da questão do poder e da transformação social: ele pretendia livrar o pensamento

---

[70] Guy Hocquenghem irá criticar duramente Reich em *Le Désir homosexuel,* de 1972 (cf. reed. Paris: Fayard, 2000, pp. 154 ss.). Sobre os entusiasmos reichianos de uma parte do movimento homossexual dos anos 1970, ver Thierry Voeltzel, *Vingt ans et après*. Paris: Grasset, 1978, especialmente pp. 18 e 29 (esse livro é um diálogo entre um jovem de vinte anos e um «amigo mais velho», que é ninguém menos que Michel Foucault. Eu comentei esse texto em *Réflexions sur la question gay,* op. cit., pp. 433-9).

crítico e a radicalidade emancipadora não somente do freudomarxismo, mas também, e com tanta firmeza quanto, do marxismo e da psicanálise, da «hipótese comunista» e da hipoteca lacaniana.[71] Como, desde então, incidentalmente, não deplorar a sinistra regressão que representa o retorno na cena intelectual de hoje desses velhos dogmatismos petrificados e esterilizantes, e, é claro, muito frequentemente hostis ao movimento gay e aos movimentos sexuais em geral? — um retorno que parece ter sido produzido e chamado como seu avesso solidário em um mesmo paradigma político pelo momento reacionário que atravessamos já há muitos anos.

A verdade é que esses desejos — meus desejos — como também suas tão raras realizações estavam sempre condenados ao silêncio e ao segredo. O que é um desejo que deve se calar, se esconder, se negar em público; que vive no temor de ser ridicularizado, estigmatizado ou psicanalisado, e então, uma vez suplantado esse estado do medo, que deve constantemente se afirmar, se reafirmar e proclamar, às vezes de maneira teatral, exagerada, agressiva, «excessiva», «proselitista», «militante», o seu direito de existir? Um desejo que traz em si uma fragilidade essencial, uma vulnerabilidade consciente de si mesma e sentida em todo lugar e a todo momento, um desejo assombrado pela inquietude (na rua, no local de trabalho...). E isso tanto mais porque a injúria é também o conjunto de palavras pejorativas, depreciadoras,

---

[71] Michel Foucault, *Histoire de la sexualité*, t. I: *La volonté de savoir*. Paris: Gallimard, 1976 [ed. bras.: História da sexualidade 1: A vontade de saber. 2. ed. Rio de Janeiro: Paz e Terra, 2015]. Remeto a essa questão em minhas análises do desenvolvimento de Foucault na terceira parte de *Réflexions sur la question gay,* op. cit., em *Une morale du minoritaire,* op. cit., e em *Échapper à la psychanalyse*. Paris: Léo Scheer, 2005.

desvalorizantes, sarcásticas, humilhantes que ouvimos sem ser seu destinatário direto: esta palavra «bicha» e seus sinônimos que retornam de maneira obsessiva nas conversas do cotidiano, na escola, no liceu, em família... e pelas quais nos sentimos atingidos, queimados, congelados isto que, mesmo que aqueles que as usam ao bater papo com você pareçam não imaginar que é de você que eles falam, sentimos fortemente que somos nós mesmos os visados e atingidos por esse vocábulo aplicado a outra pessoa ou utilizado de maneira geral em referência a uma categoria vaga mas à qual temos a sensação de pertencer, ao mesmo tempo que queremos com todas as forças não pertencer. (É sem dúvida um dos impulsos psicológicos mais potentes da vontade, tão forte e tão duradoura, da desidentificação nos gays e nas lésbicas, e também do horror que inspira em alguns deles a própria existência de um movimento gay ou lésbico que contribui para a existência de uma imagem pública que se afirma como tal que eles adorariam colocar de lado em uma esfera privada, beneficiando-se de um «direito à indiferença» social, mesmo que essa fantasia seja desmentida pela sua experiência pessoal, em que devem experimentar todo dia a que ponto o privado e o público estão inextricavelmente misturados, até que ponto até o «privado» é uma produção da esfera pública, isto é, até que ponto o psiquismo em seus recantos mais privados é modelado pelas injunções da normatividade sexual.) A injúria real ou potencial — a saber, aquela que recebemos efetivamente ou aquela que hesitamos em receber, ao tentar desmobilizar a sua irrupção, ou aquela ainda, obsedante e violenta, pela qual nos sentimos assaltados em toda parte e sempre — constitui desde então o horizonte da relação com o mundo e com os outros. O estar-no-mundo se atualiza num ser-insultado, isto é, inferiorizado pelo olhar social e pela palavra social.

O objeto do ato inferiorizante da denominação é produzido como um sujeito subjugado pelas estruturas de ordem sexual (do qual a injúria representa apenas a ponta afiada) e é toda a sua consciência — e seu inconsciente, mesmo que se possa aqui traçar uma separação nítida entre essas duas esferas estreitamente ligadas uma à outra — que se acha marcada e modelada pelo que se torna o próprio processo da construção de si e da identidade pessoal. Nada de puramente psicológico, portanto: é mais a ação insidiosa e eficaz das normas sexuais e das hierarquias que elas comandam, e que fabricam, dia após dia, os psiquismos e a subjetividade.

2.

Reims foi também, ao mesmo tempo, a cidade onde consegui, à custa de mil e uma dificuldades, me construir como gay, isto é, antes de me assumir e de me reivindicar como tal, viver uma vida gay. Pois aquilo de que tentamos nos convencer que seria melhor não ser — uma «bicha» —, nos perguntamos ao mesmo tempo, e com bastante intensidade como nos tornar: como encontrar parceiros — sexuais, amorosos —, amigos também, pessoas com quem falar livremente. E descobrimos um dia que existem pontos de encontro. Aprendi isso de maneira estranha: no verão dos meus dezessete anos, quando trabalhava durante as férias escolares em uma seguradora, uma das funcionárias, que não parava de zombar do chefe pelas costas, me disse rindo: «É um fresco! Se você passar à noite perto do teatro, vai vê-lo azarando». A informação me chegava acompanhada de uma injúria aterrorizante, mas era de todo modo uma informação inaudita. É verdade que o chefe em questão, que bem gostava de ser autoritário e rude, era permanentemente objeto de gozações das jovens colocadas sob as suas ordens. Ele parecia convencido de que ninguém estava a par de sua sexualidade, mas tudo em seus gestos, seu modo de andar, sua voz, sua maneira de falar, expunha aos outros o que ele tanto desejava dissimular. E, como é muitas vezes o caso dos gays que procuram esconder o que são a ponto de sua identidade sexual problemática ocupar todo o seu espírito, ele não conseguia deixar de falar dela, contando em qualquer oportunidade piadas e «histórias engraçadas», sempre vulgares, sobre a homossexualidade — que certamente circulavam no meio gay que frequentava —, e ele de fato parecia acreditar que esse humor grosseiro, dirigido contra aqueles a quem temia ser associado, bastaria para afastar dele qualquer suspeita. Com frequência encontrei depois disso, sob múltiplas formas, esse mesmo tipo de atitude dual, de atração-repulsão, que leva — escrevo no presente, porque isso continua a existir — diversos gays a evocar compulsivos a homossexualidade, mas de maneira ostentosamente depreciativa ou enojada, a fim de afastar aqueles a quem estão ligados por tantos elos. (Não poderíamos adiantar que o paradigma dessa atitude, como adorou ressaltar André Gide em seu *Journal* [Diário], se encontra na pessoa e na obra de Proust, ainda que o resultado, é necessário precisá-lo, nem sempre se situe em tal altura?)

Apesar de atribuírem àqueles que iam a esses lugares um rótulo infame, saber que tal lugar existia me atingiu como uma revelação milagrosa. Temendo ser visto por alguém que me reconheceria, já que estar lá significava ser «fresco», imediatamente ansiei ir ver o que acontecia lá, e, talvez, encontrar alguém. Na mesma noite, ou no dia seguinte, peguei minha bicicleta motorizada para ir ao centro. Deixei-a bem longe da rua onde homens entravam rápida e furtivamente em banheiros públicos aos quais se tinha acesso descendo uma escada de poucos degraus. Outros perambulavam mais longe na rua, e outros ainda ficavam sentados nos carros para depois arrancar subitamente, e, assim, um segundo carro os seguia e os dois condutores iam se falar em um lugar protegido dos olhares. Não sei mais se alguém veio me abordar naquela primeira noite. Ou se isso aconteceu mais tarde. Essa foi, em todo caso, minha entrada no mundo gay. E uma via de acesso a toda a subcultura ligada a ele.

Nunca desci a esse urinol. Aquilo me repugnava. E me inquietava. Eu não sabia ainda que banheiros públicos — os «banheirões», na gíria gay — são um dos cenários tradicionais de encontro homossexual. Mas essa rua e as ruas adjacentes, a praça do teatro, os arredores da catedral, não longe dali, passaram a constituir o cenário de uma parte da minha vida noturna. Eu passava ali noites inteiras, andando sem parar ou fingindo telefonar em uma cabine telefônica próxima ao ponto de ônibus, para que ninguém pensasse que eu estava ali para um encontro. Nos dias que seguiram à minha «primeira vez», aquela funcionária a quem eu devia a informação da existência desse lugar e a quem nada escapava me disse, num tom meio irônico, meio intrigado: «Eu vi você perto do teatro... Você tinha um encontro?». Eu inventei uma história: «Não, imagina, fui visitar um amigo que mora ali do lado», mas era difícil acreditar na minha resposta quando o tom da minha voz devia traduzir a minha perturbação, e a sua opinião estava formada. Por outro lado, ela não manifestou nenhuma hostilidade. As palavras injuriosas que ela frequentemente utilizava provinham do que se poderia chamar de uma homofobia de hábito, e, se eu tivesse tido a coragem de lhe confessar nesse dia que era gay, ela teria me incluído na categoria de «frescos», teria zombado de mim na minha ausência, mas isso não teria afetado a simpatia que ela tinha por mim nem a gentileza amigável com a qual tentava exprimir a cada instante essa simpatia. Entre nós, instalou-se então uma estranha relação em que a desconfiança se misturava a uma cumplicidade de natureza incerta: ela sabia o que eu era, eu sabia que ela sabia, ela sabia que eu sabia que ela sabia... e eu tinha medo de que ela falasse com os outros sobre isso — do que ela sem dúvida não se privava —, e ela jogava com esse receio por meio de alusões que eu esperava ser o único a entender. Eu tinha ingressado por dois meses nessa seguradora por intermédio da mulher do meu irmão — ou melhor, de sua futura mulher, pois eles ainda não eram casados —, que trabalhava lá, e estava apavorado com a ideia de que aquela que tinha me descoberto lhe informasse sua descoberta. Será que o fez? É provável que sim, mas nada transpareceu. Logo chegou o final do verão e nunca mais vi essa moça: mas eu reencontrava muitas vezes esse tipo de situação em que se imbricavam os jogos do saber e do poder, e foi nela que pensei quando li, vinte anos mais tarde, as análises de Eve Kosofsky Sedgwick, em *Epistemology of the Closet* [A epistemologia do armário], sobre o «privilégio epistemológico» de que gozam os heterossexuais, a maneira como eles manipulam o conhecimento que detêm sobre o que são os homossexuais, quando estes gostariam tanto de escapar do controle desse olhar. As páginas que Sedgwick dedica a essas questões, particularmente seu fantástico capítulo sobre Proust, despertaram em mim vários ecos das minhas experiências passadas.[72]

Havia também um bar gay em Reims naquela época, e muitos eram os que preferiam a discrição que ele oferecia ao perigo de se expor ao olhar público na rua. Mas eu não ousava — nem podia, em razão da minha idade — frequentá-lo. De todo modo, devido a uma mistura de puritanismo

---

[72] Cf. Eve Kosofsky Sedgwick. *Epistemology of the Closet*. Berkeley: University of California Press, 1990. As análises desse livro me inspiraram enormemente em *Réflexions sur la question gay,* op. cit.

esquerdista e elitismo intelectual ou que se acreditava como tal, eu considerava então os bares e as casas noturnas divertimentos condenáveis ou pelo menos desprezíveis.

Os pontos de encontro como esse são também espaços de sociabilidade e de aprendizagem de uma cultura específica: cada conversa, seja com pessoas com quem vamos embora um pouco mais tarde, seja com quem não vamos querer ir ou com quem sempre cruzamos quando vamos ali e que acabamos por conhecer, sem com frequência saber muito a respeito, constitui, para um jovem gay, o meio de uma socialização no mundo gay, uma maneira de se tornar gay, no sentido de uma impregnação cultural informal: ouvimos fofocas sobre quem «é assim» na cidade, aprendemos os códigos, as palavras de gíria específica, as maneiras de falar próprias dos gays (o uso do feminino, por exemplo), as gozações tradicionais («A senhora poderia me dizer as horas?», «Aonde é que a senhora vai com esse frio todo?»), e se é iniciado, por essas discussões e bate-papos, ou vendo as coleções de livros e discos dos que acompanhamos a suas casas, em todo um conjunto de referências: livros que tratam da homossexualidade (foi assim que ouvi falar pela primeira vez de Genet, que me apressei a ler, mas também autores de menor envergadura), cantoras aduladas pelos gays (eu me apaixonei, como tantos outros, por Barbara, depois de ter ouvido seus discos na casa de um de meus amantes que a venerava, e descobri em seguida — ou talvez nesse momento — que ela era um ícone gay), música clássica e ópera (que constituíam então para mim continentes desconhecidos e muito distantes e que, anos depois, graças a essas iniciações e incitações, eu exploraria com grande sede, virando não somente um amador mas um conhecedor, não perdendo um concerto, um espetáculo, comprando várias versões de uma mesma obra, lendo as biografias dos compositores: Wagner, Mahler, Strauss, Britten, Berg...) etc. Ao longo dessas conversas, ouvíamos falar de outros pontos de encontro, para onde nos apressávamos a ir, ou da vida gay em Paris, com a qual sonhávamos... Assim, nesses milhares de discussões informais noite após noite nesse tipo de lugar por ocasião dos milhares de encontros entre os frequentadores e os recém-chegados que se agregam sem que ninguém se dê realmente conta, formam-se os vetores, através de todas essas «iniciações» individuais, de uma verdadeira transmissão de herança cultural (uma herança múltipla, é claro, segundo as idades e as classes sociais, e que se transforma com o tempo, mas que modela os contornos de uma «cultura» específica, ou melhor, de uma «subcultura»). A literatura de «iniciação» — quer pensemos em *Os moedeiros falsos*, de Gide, ou em *Du pur amour* [Do puro amor] ou *L'École des garçons* [A escola de meninos], de Jouhandeau — pode então servir como metonímia ou metáfora para descrever um fenômeno muito mais amplo de subjetivação pelo ensino e aprendizagem, assim como a relação entre o diretor de consciência e o discípulo nas escolas filosóficas da Antiguidade serviu a Foucault, no final da vida, como metonímia ou metáfora — ou simplesmente desvio — para pensar os processos mais amplos de certas formas da relacionalidade gay.

De todo modo, os pontos de encontro funcionavam como escolas da vida gay. Mesmo que não o percebêssemos com tanta clareza, isso ficava óbvio no momento em que essa transmissão de saber se efetuava. Em *Gay New York*, que se refere ao período de 1890 a 1940, George Chauncey descreve e teoriza magnificamente o que acabo de evocar, e minha própria evocação deve muito ao que ele me permitiu melhor apreender e compreender.[73] Quando o li, em meados dos anos 1990, reencontrei tantas coisas que eu mesmo tinha conhecido em Reims no final dos anos 1960 e no começo dos anos 1970 que tive uma estranha e vertiginosa impressão de atemporalidade, diria de universalidade da experiência homossexual. O que é paradoxal, já que esse livro tem por objetivo precisamente historicizar o mundo gay — tanto as categorias da sexualidade pelas quais é regido como as práticas sociais e culturais que o organizam e o fazem existir. Chauncey pretende mostrar ao mesmo tempo que a cultura gay não esperou o final dos anos 1960 e as revoltas de Stonewall para existir, e que ela diferia bastante da que conhecemos hoje. É uma obra muito comovente na medida em que pode ser lida como uma homenagem feita a todos que lutaram para poder viver sua vida e tornar sua existência possível de viver: um hino a essa resistência cotidiana, obstinada, irascível, inventiva que os gays opuseram às forças da cultura dominante que os ameaçavam sem parar, os maltratavam, os humilhavam, os reprimiam, os perseguiam, os golpeavam, os feriam, os imobilizavam, os aprisionavam... Aliás, o primeiro fenômeno por ele analisado, e que constitui o ponto de partida de sua abordagem, fortemente inspirada pela sociologia urbana desenvolvida pela Escola de Chicago, é o da cidade: como a cidade grande atrai os gays e como eles se organizam para criar e recriar incessantemente as condições que lhes permitem viver sua sexualidade, como eles constroem espaços de liberdade, desenhando uma cidade gay na cidade heterossexual. Isso não quer dizer, é claro, que há vida gay apenas nas

---

[73] George Chauncey, *Gay New York. Gender, Urban Culture and the Making of a Gay Male World, 1890-1940*. Nova York: Knopf, 1994; trad. fr., *Gay New York, 1890-1940*. Paris: Fayard, 2003.

grandes cidades! As pequenas cidades e o interior também abrigam pontos de encontro e assim formas de sociabilidade e relacionalidade que, por serem menos numerosas, menos concentradas e menos visíveis, não são menos reais. Mas a amplitude não é a mesma. De todo modo, encontrei lendo Chauncey o relato de muitas experiências que eu mesmo já tinha passado e testemunhado. E, sobretudo, achei reconstituído no que ele designa com a expressão «mundo gay» o conjunto das práticas cotidianas e dos múltiplos processos que permitem adaptar uma vida gay ao lado da vida social que também levamos e na qual sabemos que é preferível não ser identificado como gay. Esse mundo gay e esses modos de vida gay não se destacam portanto somente pela «sexualidade», mas também pela criação social e cultural de si como sujeito. Podemos descrevê-los como os lugares, os apoios e as modalidades de uma subjetivação ao mesmo tempo individual e coletiva.

Certamente, existem, como nos convidam a pensar inúmeros belos trabalhos de hoje, geografias e temporalidades especificamente gays ou queer: onde e como vivem os que não se inscrevem na «norma». Também é certo que aqueles mesmos dos quais esses espaços-tempos definem parcialmente a existência não saberiam neles viver permanentemente: o que caracteriza as vidas gay ou queer seria mais a capacidade — ou a necessidade — de passar constantemente de um espaço a outro, de uma temporalidade a outra (do mundo anormal ao mundo normal e vice-versa).

3.

Somos também confrontados nesses pontos de encontro, infelizmente, com múltiplas formas de violência. Cruzamos com pessoas estranhas ou meio loucas e é preciso sempre estar atento. E sobretudo nos expomos a ser objeto de agressões físicas por bandidos ou por frequentes batidas da polícia, que pratica ali um verdadeiro assédio. Isso mudou? Duvido. Que terror se apoderou de mim no dia em que tive de passar por uma dessas batidas pela primeira vez — eu devia ter dezessete anos — e os policiais declararam que eu era doente mental e que deveria procurar tratamento, que avisariam meus pais, que eu ficaria fichado por toda a vida... Esse foi apenas o começo de uma longa série de interações com a polícia, sempre acompanhadas de insultos, sarcasmos, palavras ameaçadoras. Depois de alguns anos, acabei por não me preocupar demais: passou a ser um elemento entre outros da minha vida noturna, não o mais agradável, é claro, mas no fundo sem grandes consequências (pelo menos para alguém como eu, já que o risco é maior quando se vive em uma cidade muito pequena onde todos sabem, ou quando não se têm os documentos em ordem). Mais graves são as agressões físicas. Cheguei a ser vítima algumas vezes dessa forma extrema de violência homofóbica. Felizmente, escapei sem muitos estragos, mas conheci uma vez um rapaz que tinha perdido a vista de um olho depois de ter sido surrado por um grupo de «arregaçadores de bichas». Devo também mencionar as inúmeras agressões de que fui, ao longo dos anos, testemunha impotente, reduzido a remoer durante dias, semanas, o alívio covarde de ter sido poupado e a tristeza, o asco de ter assistido a esse desencadeamento de brutalidade a que os gays sempre devem temer ser submetidos e diante do qual ficam desarmados. Mais de uma vez me aconteceu de sair correndo de um desses lugares, escapando por pouco do destino que se abatia sobre outros. Uma dia eu caminhava, pouco depois de ter me mudado para Paris, pela parte aberta do jardim das Tulherias, que era um dos pontos de encontro a que eu gostava muito de ir ao cair da noite e onde sempre tinha muita gente, quando vi chegar de longe um grupo de jovens claramente mal-intencionados. Eles pegaram um homem já de idade, que se puseram a golpear com rodadas de murros e, quando ele caiu, de chutes. Um carro de polícia passava na avenida que, na época, margeava o parque. Parei o carro gritando para os ocupantes: «Alguém está sendo agredido no jardim!». Eles me responderam: «Não temos tempo a perder com bichas», e continuaram seu caminho. Em todo lugar, nas cidades às quais me acontecia de ir por uma razão ou outra e onde eu ia dar uma volta em algum ponto de encontro, assisti a cenas como estas: bandos impulsionados pelo ódio precipitando-se de repente em um jardim ou parque, as pessoas presentes fugindo correndo e os que não tinham tido chance de se esquivar a tempo se transformando nas vítimas inevitáveis de uma sova, muitas vezes, mas não necessariamente, acompanhada de roubos (relógios, carteiras, passaportes e às vezes até roupas, quando se tratava de jaquetas de couro...).

Os lugares gays são assombrados pela história dessa violência: cada passagem, cada banco, cada espaço longe da vista guarda inscrito em si todo o passado, todo o presente e sem dúvida todo o futuro desses ataques e desses ferimentos físicos que deixaram, deixam e deixarão para trás — sem falar dos ferimentos psíquicos. Mas nada ajuda: apesar de tudo, isto é, apesar das experiências dolorosas que nós mesmos vivemos ou das vividas por outros e daquelas de que fomos testemunha ou cujo relato ouvimos, apesar do medo, voltamos para esses espaços de liberdade. E eles continuam a existir, porque as pessoas continuam, apesar do perigo, a fazê-los existir.

Mesmo que o aparecimento de sites de encontro na internet tenha produzido profundas transformações nos modos de entrar em contato com potenciais parceiros e, mais amplamente, nas modalidades da sociabilidade gay, nada do que acabei de descrever desapareceu, é claro. E, quando me deparo, o que não é muito raro, ao ler um jornal, com a notícia de que um homem foi encontrado morto em um parque — ou em um equivalente funcional: estacionamento, mata, paradas de estradas —«frequentado à noite por homossexuais», todas essas imagens me voltam, e sou novamente tomado por um sentimento de revolta e de incompreensão: por que as pessoas como eu devem sofrer essa violência, viver sob essa ameaça permanente?

Convém acrescentar a isso a desvalorização social e a patologização médica (implantada nos discursos psiquiátricos e psicanalíticos sobre a homossexualidade) que representavam outro tipo de agressão: não física mas discursiva e cultural, e cujo predomínio, para não dizer onipresença, no espaço público fazia parte de uma violência homofóbica geral pela qual nos sentíamos literalmente cercados. E isso continua hoje, como mostraram até o grau mais obsceno as verdadeiras bestialidades simbólicas desencadeadas ao longo dos debates sobre o reconhecimento legal de casais de mesmo sexo e de famílias homoparentais: quantos escritos com «pretensão científica» — psicanalíticas, sociológicas, antropológicas, jurídicas etc. — se revelaram nada além de engrenagens de um dispositivo ideológico e político encarregado de garantir a perpetuação da ordem instituída e de normas sujeitadoras, e de manter as vidas gays e lésbicas no estado de inferioridade e incerteza de si no qual toda a cultura as tinha até agora colocado e do qual aqueles e aquelas que vivem essas vidas se esforçam hoje, precisamente, para sair?

Sim, por que um certo número de pessoas está condenado ao ódio de outras (quer ele se exprima de maneira brutal nas agressões físicas em pontos de encontro ou de maneira eufemizada nas agressões discursivas vindas do espaço intelectual e pseudocientífico)? Por que certas categorias da população — gays, lésbicas, transexuais, ou judeus, negros etc. — devem carregar o fardo dessas maldições sociais e culturais cuja motivação e reativação incansável temos tanta dificuldade de conceber? Sempre me fiz esta pergunta: «Por quê?». E também esta outra: «Mas o que fizemos?». Não há outra resposta a essas perguntas a não ser a arbitrariedade dos veredictos sociais, o seu absurdo. Como em *O processo*, de Kafka, é inútil procurar o tribunal que pronuncia esses julgamentos. Ele não tem sede, não existe. Chegamos a um mundo onde a sentença já foi dada, e viemos, em um momento ou outro de nossa vida, ocupar o lugar dos que foram condenados à perseguição pública, a viver com um dedo acusador apontado para eles e a quem não resta mais do que procurar, do modo que for possível, se proteger e conseguir lidar com essa «identidade deteriorada», como diz o subtítulo inglês do livro de Erving Goffman, *Estigma*.[74] Essa maldição, essa condenação com as quais se deve viver instauram um sentimento de insegurança e vulnerabilidade no fundo de si e uma espécie de angústia difusa que marca a subjetividade gay.

Tudo isso, a saber, todas essas realidades vividas ao longo dos dias, ano após ano — esses insultos, essas agressões, essa violência discursiva e cultural —, está gravado na minha memória (me sinto tentado a dizer: no meu ser). É parte integrante tanto das vidas gays como daquelas de todos os sujeitos minoritários e estigmatizados. Entendemos por que, por exemplo, o clima que predomina nos primeiros textos de Foucault, ao longo dos anos 1950, de seu prefácio ao livro de Ludwig Binswanger *O sonho e a existência* de 1954 (no qual, em seu interesse pela psiquiatria existencial, ele está tão próximo do Fanon sartriano de *Pele negra, máscaras brancas*, publicado dois anos antes) até a *História da loucura*, finalizado em 1960, é precisamente o da angústia, que exprime todo o vocabulário, que ele mobiliza com uma intensidade perturbadora, de exclusão, estranheza, negatividade, silêncio forçado e até mesmo da queda e do trágico. Como Georges Dumézil, que adorava colocar sua pesquisa sob a égide do deus Loki, descrevendo essa personagem do panteão escandinavo, com suas transgressões sexuais e sua recusa da ordem estabelecida, como o paciente hoje ideal de

---

74 Erving Goffman, *Stigma. Notes on the Management of Spoiled Identity*. Englewoods Cliff, NJ: Prentice-Hall, 1963 [ed. bras.: Estigma: notas sobre a manipulação da identidade deteriorada. Trad. de Márcia Bandeira de Mello Leite Nunes. Rio de Janeiro: ltc/Guanabara Koogan, 2008]. Sobre a dominação simbólica, ver Pierre Bourdieu, *Méditations pascaliennes*. Paris: Seuil, 1997, pp. 203-4 [ed. bras.: Meditações pascalianas. Trad. de Sergio Miceli. 2. ed. Rio de Janeiro: Bertrand Brasil, 2007].

um prontuário psiquiátrico bem preenchido, o que a seus olhos era um elogio, foi para promover o grande dia, para fazer os balbucios acessarem o discurso levado ao seu pleno direito que Foucault se pôs a estudar esse «Inferno» da «negatividade» humana e da «angústia», que o olhar médico buscava racionalizar e reduzir ao silêncio.[75]

Quando releio esses textos brilhantes e dolorosos de Foucault, que inauguraram sua obra, reconheço neles algo de mim: eu vivi o que ele escreveu, e ele tinha vivido antes de mim, buscando um meio de escrever sobre isso. E vibro a cada página, ainda hoje, com uma emoção que vem do mais fundo de meu passado e do sentimento imediato de uma experiência compartilhada com ele. Sei até que ponto foi difícil para ele superar essas dificuldades. Ele tentou muitas vezes se suicidar. E caminhou durante muito tempo em um equilíbrio incerto sobre a linha que separa a razão da loucura (Althusser o diz belamente em sua autobiografia em relação àquele em quem ele sabia ter um irmão na «infelicidade»). Ele saiu disso por meio do exílio (primeiro na Suécia), depois pelo trabalho paciente de um questionamento radical do discurso pseudocientífico da patologização médica. Ele opôs então o grito da Desrazão, categoria que engloba sobretudo a loucura e a homossexualidade, em meio a outros «desvios», ao monólogo que a psiquiatria, como ele designa o discurso dos normais e da normalidade, detém sobre aqueles que ela considera seus «objetos» e que tenta manter na subordinação. Toda a política de Foucault, na época, se desdobra

---

[75] Cf. Georges Dumézil, *Loki*. Paris: Maisonneuve, 1948, e meus comentários sobre esse livro em «Le crime de Loki», in *Hérésies*, op. cit., pp. 19-32.

nesse âmbito definido pelo enfrentamento entre a exclusão e o uso da palavra, a patologização e o protesto, a restrição e a revolta.

Podemos ler *História da loucura* como um grande livro de resistência intelectual e política. A insurreição de um sujeito subjugado contra as potências da norma e da sujeição. Na sequência de sua obra, ao longo de suas revisões sucessivas, Foucault não deixou de perseguir o mesmo objetivo: pensar o enfrentamento do sujeito com o poder da norma, refletir sobre as formas pelas quais se pode reinventar sua existência. Não é então de surpreender que seus textos sensibilizem a esse ponto seus leitores (pelo menos alguns deles, pois muitos outros só enxergam neles matéria para glosa acadêmica): é porque falam deles e se dirigem neles às falhas e às fraturas, isto é, à fragilidade, mas também à reticência e ao gosto da recusa que desta podem nascer.

Sem dúvida, podemos colocar a *História da loucura* nas prateleiras de nossas bibliotecas, ou melhor, de nossas «sentimentecas», segundo o termo forjado por Patrick Chamoiseau para designar os livros que nos «acenam» e nos ajudam a combater em nós mesmos os efeitos da dominação,[76] ao lado de outro grande livro cuja intenção foi a de contestar o olhar social e médico sobre os desviantes, e lhes conceder, ou dar, um status de sujeito do discurso e não mais de objeto, de fazer ouvir as suas palavras que contestam e recusam a palavra que os outros proferem sobre eles: trata-se, é claro, do *Saint Genet* de Sartre. Certamente, a diferença é imensa: no caso de Foucault e da luta que ele estabelece contra o apresamento psiquiátrico e psicanalítico, é dele mesmo que se trata,

---

76 Patrick Chamoiseau, *Écrire en pays dominé*. Paris: Gallimard, 1997, pp. 23-7.

é sua experiência que está em questão, e é sua própria voz que ele afirma, sua vida que ele defende; já Sartre escreve sobre um outro, e é uma trajetória diferente da sua que procura analisar, com toda a empatia e todo o entusiasmo de que era capaz, para relatar os mecanismos da dominação e os processos de invenção de si. Mas o parentesco entre os dois livros, um publicado no começo dos anos 1950, o outro no início dos anos 1960, é evidente (um parentesco que, aliás, poderia muito bem ser uma filiação; gosto de imaginar que Foucault foi profundamente marcado pelo livro de Sartre! Como poderia não ter sido?). Um gesto comum os liga.

Só descobri essa obra de Foucault no final dos anos 1970 (em 1977, me parece). Depois, portanto, daquela de Sartre, que, se não me falha a memória, creio ter lido em 1974 ou 1975. E é este último que contava em primeiro lugar para mim, no momento em que os livros constituíam um ponto de apoio decisivo no trabalho que eu precisava fazer para me reinventar e reformular o que eu era. Ou, mais exatamente, em que decidi assumir o que eu era (e portanto, é claro, me reapropriar do que a hostilidade do ambiente me dizia e me repetia que eu era). E assumir, me reapropriar, mudava tudo, ou pelo menos muitas coisas. Foi realmente uma decisão que amadureceu lentamente em mim e se impôs depois de uma longa hesitação: eu não passaria a vida sofrendo por ter vergonha, e medo também, de ser gay. Era difícil demais. Penoso demais. Chegamos a quase enlouquecer (da loucura que os psicanalistas vivem e trabalham, talvez por essa mesma razão, para perpetuar). Eu tive a força, ou a sorte, e não saberia dizer o motivo, de poder dar esse passo relativamente cedo (aos dezenove ou vinte anos), primeiro ao confiar esse «segredo» a alguns amigos, que, aliás, já sabiam ou pressentiam havia muito tempo e não entendiam por que eu não lhes dizia nada, depois ao reivindicar de maneira teatral e ostensiva o que era para mim impossível manter em «segredo» por muito mais tempo.

Eu poderia escrever, inspirando-me na prosa metafórica e floreada de Genet, que chega um momento em que se transmutam os escarros em flores, os ataques verbais em uma guirlanda, em raios de luz. Resumindo, há um momento em que a vergonha se transforma em orgulho... E esse orgulho é político de ponta a ponta, já que desafia os mecanismos mais profundos da normalidade e da normatividade. Não reformulamos portanto o que somos a partir de nada: realizamos um trabalho lento e paciente de modelar nossa identidade a partir daquela que nos foi imposta pela ordem social. É por isso que jamais nos livramos da injúria, nem da vergonha. Especialmente porque o mundo nos lança a cada instante chamados à ordem, que reinstauram os sentimentos que adoraríamos esquecer, que por vezes damos por esquecidos. Se a personagem Divina, em *Nossa Senhora das Flores*, após ter suplantado o estado de infância ou de adolescência, quando a vergonha lhe esmagava, para se transformar em uma figura esplendorosa da cultura do submundo de Montmartre, enrubesce novamente quando uma injúria lhe é dirigida, é porque lhe é impossível ignorar as forças sociais que a cercam e a assaltam — as da norma — e assim os afetos que elas haviam incessantemente inscrito e reinscrito no fundo do psiquismo dos indivíduos estigmatizados. Cada um de nós o sabe, nós que experimentamos isso nas situações mais banais, em que nos vemos golpeados e feridos sem esperar, mesmo achando que estaríamos imunes. Não basta inverter o estigma, para falar como Goffman, ou se reapropriar da injúria e ressignificá-la para que sua força ferina desapareça para sempre. Caminhamos sempre em um equilíbrio incerto entre a significação ferina da palavra injúria e a sua reapropriação orgulhosa. Nunca estamos livres, ou livrados. Emancipamo-nos mais ou menos do peso que a ordem social e sua força subjugadora descarregam sobre todos e a cada instante. Se a vergonha é uma «energia transformadora», segundo a bela formulação de Eve Kosofsky Sedgwick,[77] a transformação de si nunca se dá sem integrar os traços do passado: ela conserva esse passado, simplesmente porque é o mundo no qual fomos socializados e que em enorme medida se mantém presente tanto em nós como em torno de nós, no seio do mundo em que vivemos. Nosso passado é ainda o nosso presente. Como consequência, nos reformulamos, nos recriamos (como uma tarefa a se retomar indefinidamente), mas não nos formulamos, ou não nos criamos.

É portanto vão querer opor a mudança ou a «capacidade de ação» (*agency*) aos determinismos e à força autorreprodutora da ordem social e das normas sexuais, ou um pensamento da «liberdade» a um pensamento da «reprodução»... já que essas dimensões estão inextricavelmente ligadas e relacionalmente imbricadas. Levar em conta os determinismos não é o mesmo que afirmar que nada pode mudar. Mas sim que os efeitos da atividade herética questiona a ortodoxia e a sua repetição só podem ser limitados e relativos: a «subversão» absoluta não existe, tampouco a «emancipação»; subvertemos alguma coisa em dado momento, nos deslocamos um pouco, realizamos um gesto de afastamento, um

---

[77] Eve Kosofsky Sedgwick, «Shame, Theatricality and Queer Performativity: Henry James' *The Art of the Novel*», in *Touching Feeling. Affect, Pedagogy, Performativity*. Durham, NC: Duke University Press, 2002, pp. 35-65.

passo para o lado. Para dizer em termos foucaultianos: não se deve sonhar com uma «emancipação» impossível, o que podemos é cruzar algumas fronteiras instituídas pela história e que cingem as nossas existências.

Importante foi então para mim a frase de Sartre em seu livro sobre Genet: «O que importa não é o que fazemos de nós, mas o que nós mesmos fazemos com o que é feito de nós». Ela constituiu rapidamente o princípio da minha existência. O princípio de uma ascese: de um trabalho de si sobre si.

Essa frase tomou, contudo, na minha vida um duplo sentido, e valeu também, mas de maneira contraditória, tanto no âmbito sexual como no social: ao me apropriar do meu ser sexual injuriado e reivindicá-lo no primeiro caso; ao me arrancar da minha condição social de origem no segundo. Poderia dizer: por um lado, virando o que eu era e, por outro, rejeitando o que deveria ter sido. Para mim, esses dois movimentos andavam juntos.
No fundo, eu estava marcado por dois veredidos sociais: um veredito de classe e um veredito sexual. Nunca escapamos das sentenças assim dadas. E carrego em mim a marca de um e do outro. Mas porque eles entraram em conflito em dado momento da minha vida, tive de eu mesmo me modelar ao jogar um contra o outro.

Epílogo

1.

O que eu sou hoje se formou no entrecruzamento desses dois percursos: eu tinha vindo morar em Paris com a dupla esperança de viver livremente minha vida gay e de me tornar um «intelectual». A primeira parte desse programa se realizou sem grande dificuldade. Mas a segunda não resultara em nada: depois de ter fracassado em minhas tentativas de lecionar no ensino secundário assim como naquelas de empreender uma tese de doutorado, me via sem trabalho nem perspectivas. Fui salvo pelos recursos que me ofereceu a subcultura gay. Os pontos de encontro favorecem, até certo ponto, uma fusão entre as classes sociais. Encontramos pessoas que não teriam oportunidade de conviver de outra forma, ou porque pertencem a meios diferentes ou porque provêm de horizontes afastados. É o que torna possíveis os fenômenos de solidariedade e de ajuda mútua que, como a «transmissão cultural» evocada anteriormente, não são vividas ou percebidas diretamente como tais no momento em que se produzem. Conheci em um ponto gay então muito frequentado, o jardim público situado atrás da Notre-Dame, um menino com quem tive uma breve relação. Eu tinha 25 anos. Não sabia mais o que fazer. Tinha muita dificuldade em aceitar a evidência: eu precisaria renunciar às utopias nas quais eu tinha tão ingenuamente projetado a minha vida futura ao entrar na universidade. Eu flutuava, indeciso, inquieto.

O que eu me tornaria? Uma noite, esse garoto me convidou para um jantar na casa de um de seus amigos, que veio com sua companheira. Ela trabalhava no *Libération*, um jornal fundado nos anos 1970 com o apoio de Sartre e de Foucault, na esteira das «lutas». Simpatizamos um com o outro. Nos reencontramos. Ela me pediu artigos... Fui obstinado e me agarrei a essa possibilidade inaudita que se apresentava a mim. Foi assim que, pouco a pouco, me tornei jornalista. Para ser mais preciso: jornalista literário. Escrevia sobre obras, fazia entrevistas (a primeira foi com Pierre Bourdieu sobre *A distinção*: eu me lembro como se fosse ontem). Essa profissão representou para mim uma maneira imprevista de acessar o mundo intelectual e de participar dele. Não era sob a forma que eu tinha imaginado em meus sonhos de adolescente ou estudante. Mas era parecida. Almoçava com editores, tinha contato com autores... Fiz rapidamente laços de amizade com vários deles, e até laços de amizade muito estreitos com Pierre Bourdieu, com Michel Foucault... Tinha acabado de decidir abandonar minha tese e, por acasos da existência, possíveis por um encaixe de necessidades sociais e decisões arriscadas, eis que me via tendo contato com todos os grandes nomes do pensamento contemporâneo. Não fiquei muito tempo nesse jornal: ele logo se transformou em um dos principais vetores da revolução conservadora sobre a qual me debrucei várias vezes ao longo deste livro. E, na vasta ofensiva que se preparava então para organizar — porque foi muito organizada — a inclinação à direita do campo político-intelectual, o campo da filosofia e das ciências sociais e o acesso a elas no espaço público e particularmente no espaço midiático constituíam, obviamente, uma abordagem central e até decisiva. Eu estava ligado demais a Bourdieu, a Foucault, agarrado demais à defesa do pensamento crítico, à herança de Maio de 68... Rapidamente me tornei indesejável. Mas tive tempo de ficar conhecido na profissão. O diretor de uma revista semanal, que não suportava o fato de Bourdieu detestá-lo e de declinar todas as ofertas de figurar em suas colunas, e para quem isso tinha virado uma obsessão pessoal, me convidou para fazer parte de sua equipe, para se certificar de que aquele não seria mais o caso. Eu não gostava dessa revista. Nunca tinha gostado. E, além disso, ela estava ainda mais comprometida com a virada neoconservadora do que o jornal que eu acabara de deixar. Hesitei durante muito tempo («Você tem de ganhar a vida», Bourdieu me repetia para me convencer a ir... «Você me entrevista e vai ser deixado em paz por dois anos»). De qualquer maneira, eu não tinha muita escolha: eu tinha de ganhar a vida, de fato!

Desde os primeiros dias, eu me sentia pouco à vontade no *Nouvel Observateur*. É um eufemismo. E no entanto meu nome estaria associado durante vários anos a essa revista que tudo em mim me levava a execrar. Eu nunca consegui aceitar essa situação: via-me de novo em conflito. Não se tratava de um simples detestar, mas de um sentimento de rejeição bem mais profundo. Um pequeno clã universitário considerava as páginas literárias dessa revista seu território reservado, utilizando-as descaradamente para gerir os seus negócios e tentar impor ao conjunto da cena político-intelectual seu poder e sua virada para o pensamento reacionário. Eles conduziam a cada instante uma guerra contra tudo que era eminente e lhes fazia sombra, contra tudo que era e pretendia se manter de esquerda. Minha presença incomodava os seus planos. E cada um dos meus artigos, cada uma das minhas entrevistas desencadeava sua fúria, que se exprimia tanto em invectivas, quanto em ameaças (a vida intelectual nem sempre é bela de perto. A realidade não corresponde em nada à visão idealizada que podemos ter quando desejamos dela fazer parte). Depois de uma série de crises e de disputas cuja brutalidade me deixou estupefato, decidi não desperdiçar minha energia nessas lutas cansativas e infrutíferas. E considerava desde então que esse «trabalho» não seria nada além de um ganha-pão e que aproveitaria meu salário para escrever livros. No final das contas, essas experiências penosas representariam para mim um impulso extraordinário: elas me forçaram a me bifurcar para me orientar em novas direções; a mobilizar toda minha energia para me transformar outra vez.

Minhas primeiras aspirações à escrita foram literárias: encaminhei dois romances, aos quais dediquei muito tempo, entre meados e o final dos anos 1980. O primeiro projeto se inspirava nas minhas relações — e minhas conversas — com Dumézil e Foucault. Eu queria nele descrever três gerações de gays pelo elo da amizade. Três épocas, três vidas: marcadas por permanências e mudanças. Escrevi uma centena de páginas. Um pouco mais, talvez. Até o momento em que, penando para progredir, coloquei esse calhamaço para dormir em um armário. Voltava de vez em quando ao que chamava de «meu romance», imaginando que um dia conseguiria terminá-lo. Ah! Quando li *A biblioteca da piscina* de Alan Hollinghurst, cujo projeto se aproximava do meu, admirei a maestria e medi o abismo que separava meus esboços de uma obra acabada: joguei, literalmente, meu manuscrito no lixo. O segundo trataria de um casal inspirado naquele formado por Benjamin Britten e Peter Pears e giraria em torno da atividade criadora que tem como base a relação amorosa. Eu tinha na época desenvolvido uma verdadeira paixão por Britten e particularmente por suas óperas, escritas muitas vezes para a voz de Pears (*Peter Grimes, Billy Budd, Death in Venice*...). Seria perseverança o que me faltava? Ou talento romanesco? Ou, simplesmente, me dei conta de que jogava um jogo? Impulsionado por velhas ambições e incapaz de renunciar a elas, eu imitava um gesto. Eu me fantasiava de escritor; nada me predispunha a me tornar um. Pouco a pouco, eu me afastei dessas tentações literárias, sem nunca realmente esquecê-las: ainda me acontece de me arrepender de não ter tido a paciência ou a força de continuar por esse caminho.

Um fio comum ligava essas tentativas abortadas: nos dois casos, meu interesse se voltava para a história e a subjetividade gay. Estranhamente, eu nunca tive a ideia de construir um discurso dedicado às classes sociais, tomando, por exemplo, como ponto de partida o percurso de uma criança das classes populares que se afasta da família e restituindo, no interior desse cenário, a vida de duas ou três gerações, com o que as separa e o que continua, contudo, a uni-las. Em todo caso, eu não fui muito mais adiante com as minhas incursões no campo da ficção, e cheguei enfim ao que me atraía havia muito e que demorei para compreender: escrever sobre a vida intelectual, sobre a história do pensamento. Comecei por dois livros de entrevistas (com Georges Dumézil e Claude Lévi-Strauss). No começo, foi uma extensão da minha atividade jornalística. Mas passar para a dimensão de um livro mudava tudo. Durante o tempo em que me dedicava ao primeiro, em 1986, Dumézil sugeriu que eu escrevesse uma biografia de Foucault, que falecera dois anos antes. Ele acompanhou seus primeiros passos ao me confiar muitas informações e documentos, antes de, por sua vez, expirar. Isso representou para mim um meio de homenagear Foucault, em uma época em que seu nome e sua obra estavam sendo insultados e difamados pelos pelotões neoconservadores que se apoderavam de todos os lugares de expressão, uns depois dos outros, o que lhes permitia fazer acreditar que todo mundo compartilhava sua ideologia e seus anátemas, e até, como eles proclamavam, que um novo «paradigma» reinava desde então nas ciências sociais (quando se tratava simplesmente de uma tentativa de golpe). Esse livro intempestivo e ambicioso teve sucesso e desempenhou, creio, um papel importante na resistência que começou a se manifestar no espaço público ante a contrarrevolução ideológica que prosperava. Foi de imediato traduzido em vários países. O que me valeu convites para participar de colóquios, realizar conferências... Pouco a pouco, o jornalismo se afastava de mim, ou melhor, eu me afastava dele. É claro, continuei a publicar todo ano alguns artigos, fazer algumas entrevistas, mas que foram se tornando cada vez mais raros, e a quase totalidade do meu tempo passou a ser desde então dedicada a escrever livros e a participar de atividades universitárias no exterior. Eu tinha mudado de profissão. Essa nova vida me situou no meio de autores e de trabalhos que renovavam a paisagem intelectual, particularmente interessando-se por questões que até então tinham sido amplamente negligenciadas pela pesquisa. Tive vontade de estar envolvido nesse movimento. Escrevi obras mais teóricas, e a primeira publicada foi *Reflexões sobre a questão gay*, seguida de *Une morale du minoritaire*.

Eu tinha levado tempo para pensar em meu próprio nome. Porque, para se sentir legítimo, é preciso ter sido legitimado por todo o seu passado, pelo mundo social, pelas instituições. Apesar dos sonhos um pouco loucos da minha juventude, não foi fácil me sentir apto — isto é, socialmente autorizado — a escrever livros, e ainda mais livros teóricos. Existem os sonhos. E existe a realidade. Fazer com que os dois coincidam não requer somente obstinação; circunstâncias favoráveis são da mesma forma necessárias. Na minha casa, na minha infância, não havia livros. Ao contrário da maneira como Sartre se descreve em *As palavras* — autobiografia de juventude cujo objetivo é restituir a história de uma «vocação» e até mesmo de uma «missão», isto é, de uma predestinação social à vida literária e filosófica —, eu não fui «solicitado».[78] Escrever não era para mim a chamada de um futuro já contido em minhas brincadeiras e minhas piruetas de menino, executadas sob o olhar de adultos maravilhados e estarrecidos com meu uso precoce do verbo e que conheceria a sua hora com o passar dos anos. Pelo contrário! Outro destino me esperava: ter de nivelar meus desejos às minhas possibilidades sociais. Foi preciso então ir à luta — primeiro contra mim mesmo — para me conceder as faculdades e criar para mim os direitos que, para outros, são dados previamente. Tive de progredir tateando no vazio pelos caminhos que, para alguns privilegiados, parecem um percurso sinalizado. E muitas vezes traçar eu mesmo esses caminhos quando aqueles que já existiam se revelavam não estarem abertos a pessoas como eu. O novo status que adquiri em meados dos anos 1990 e o novo ambiente internacional em que me achei inserido desempenharam para mim, de maneira diferenciada, o papel que o *habitus* de classe e os caminhos ideais do percurso escolar e universitário desempenham para outros mais cedo em sua existência.

Passei então muito tempo viajando pela Europa, pela América Latina e, sobretudo, pelos Estados Unidos: realizei conferências em Chicago, falei em colóquios em Nova

---

78   Jean-Paul Sartre, *Les Mots* [1964]. Paris: Gallimard, «Folio», 1977, p. 139. [Ed. bras.: As palavras. Trad. de J. Guinsburg. 6. ed. Rio de Janeiro: Nova Fronteira, 200.]

York ou Harvard, lecionei em Berkeley, passei um tempo em Princeton...

Recebi um prêmio em Yale. Meus trabalhos sobre a história intelectual, sobre a homossexualidade, sobre a subjetividade minoritária, tinham me levado portanto aonde minhas origens de classe, situadas nas profundezas do mundo social, nunca me teriam permitido esperar algum dia chegar, e, de fato, tinham me deixado poucas possibilidades para alcançar.

2.

Por ocasião da entrega desse prêmio, eu devia fazer um palestra bastante formal. Quando me pediram o título e o resumo, decidi reler de maneira crítica os livros que me tinham levado até essa recompensa e a essa cerimônia. Queria refletir sobre a maneira que constituímos retrospectivamente nosso passado, por meio das categorias teóricas e políticas disponíveis no seio da sociedade em que vivemos. Comecei por evocar a morte do meu pai, o dia que passei com minha mãe para abrir a caixa de fotografias antigas, a redescoberta do universo em que eu vivera outrora e que suscitava em mim cada uma delas... Após ter descrito a minha infância de filho de operário, me perguntei por que eu nunca tinha tido a ideia ou a vontade de refletir sobre essa história nem pensado a partir dela. Citei uma passagem que me comovera muito em uma entrevista com Annie Ernaux: questionada sobre a influência que a obra de Bourdieu teve em seu trabalho, ela conta que, ao se engajar, bem nova, nos caminhos da literatura, ela tinha anotado em seu diário (do ano de 1962): «Eu vingarei a minha raça!». Isto é, como ela precisa, o mundo de onde ela vinha, o dos «dominados». Ela ainda hesitava sobre a forma que deveria adotar para realizar bem esse projeto. Alguns anos depois, ela prossegue, «na confusão de 68, a descoberta de *Herdeiros*, num contexto de mal-estar pessoal e pedagógico», significou para ela «uma injunção secreta» para «mergulhar» na sua memória e «escrever a ruptura da ascensão social, a vergonha etc.».

Como ela, eu sentia a necessidade, no contexto de um movimento político e da efervescência teórica que o acompanhava, de «mergulhar» na minha memória e escrever para «vingar minha raça». Mas foi outra a «raça» a cuja vingança me agarrei e assim outra memória que me incumbi de explorar. Os movimentos coletivos, ao oferecerem aos indivíduos o meio de se constituírem como sujeitos da política, lhes oferecem ao mesmo tempo as categorias pelas quais eles podem se perceber a si mesmos. Esses marcos referenciais de si se aplicam ao presente, é claro, mas também ao passado. Os esquemas teóricos e políticos precedem e informam a maneira como nos concebemos e criam assim a possibilidade de uma memória ao mesmo tempo coletiva e individual: é a partir da política contemporânea que olhamos para trás a fim de refletir sobre a maneira como se exerceram os mecanismos de dominação e subjugação e como se operaram as reformulações de si produzidas pelos processos da resistência, quer tenham sido conscientes de si mesmos ou simplesmente colocados em prática cotidianamente. Esses quadros políticos da memória definem, em grande medida, a criança que fomos e a infância que vivemos.

Mas, e Halbwachs já chamava nossa atenção para esse ponto, se é verdade que a memória coletiva, aquela do grupo ao qual pertencemos ou com o qual nos identificamos e a qual contribuímos assim para criar, constitui a condição da memória individual, é também verdade que cada indivíduo se inscreve em vários grupos. Seja sucessiva ou simultaneamente.[79] Esses grupos se sobrepõem às vezes; eles sempre evoluem

---

79 Cf. Maurice Halbwachs, *Les Cadres sociaux de la mémoire* [1925].

e se transformam sem parar. A «memória coletiva» também e, com ela, as memórias individuais e o passado dos indivíduos são não somente plurais, mas dinâmicos. Eles se elaboram em espaços e temporalidades múltiplas, heterogêneas, que seria em vão querer unificar, ou tentar hierarquizar ao decretar quais importam e quais não. Afinal, o primeiro livro de Annie Ernaux, *Les Armoires vides* [Os armários vazios], de 1974, não evoca somente o mundo social de sua infância e de sua adolescência; ele conta também a experiência traumatizante, vivida por uma jovem de vinte anos, de um aborto clandestino.[80] Quando ela volta mais tarde, em *Os anos*, ao momento em que tomou forma nela o projeto de escrever para recuperar tudo o que tinha «enterrado como vergonhoso» e que se tornou «digno de ser reencontrado», ela sublinhou a que ponto a «memória que se desumilha» tinha traçado diante dela um futuro tanto político quanto literário e intelectual, no qual ela poderia se reapropriar de diferentes etapas de sua trajetória, diferentes dimensões constitutivas de sua personalidade: «Lutar pelo direito das mulheres ao aborto, contra a injustiça social e compreender como virou essa mulher era para ela uma coisa só».[81]

Quando o marxismo dominava a vida intelectual francesa, à esquerda em todo caso, na época dos meus estudos, ao longo dos anos 1960 e 1970, as outras «lutas» pareciam

---

Paris: Albin Michel, 1994; *La Mémoire collective* [manuscrito de 1932--1938, edição estabelecida por Gérard Namer]. Paris: Albin Michel, 1997 [ed. bras.: A memória coletiva. Trad. de Beatriz Sidou. 2. ed. São Paulo: Centauro, 2015].

80   Annie Ernaux, *Les Armoires vides*. Paris: Gallimard, 1974.

81   Id., *Les Années*. Paris: Gallimard, 2008, p. 121. [Ed. bras.: *Os anos*. Trad. de Marília Garcia. São Paulo: Três Estrelas, 2019.]

«secundárias» ou, até, eram denunciadas como «diversões pequeno-burguesas» que desviavam a atenção do único combate digno de interesse, do único combate «verdadeiro», o da classe operária. Insistindo em todas as dimensões que o marxismo tinha deixado de lado — a subjetivação sexuada, sexual ou racial, entre outras... — porque concentrava sua atenção exclusivamente na opressão de classe, os movimentos que designamos «culturais» foram levados a propor outras problematizações da experiência vivida e a negligenciar, em medida bastante ampla, a opressão de classe.

Devemos admitir que a censura exercida pelo marxismo e que empurrou para além dos cenários da percepção política e teórica um conjunto de questões tais como o gênero ou a sexualidade só podia ser contornada censurando ou repreendendo o que o marxismo nos tinha acostumado a «perceber» como a única forma de dominação? E que, por consequência, o desaparecimento do marxismo, ou pelo menos seu apagamento como discurso hegemônico da esquerda, tinha sido a condição necessária para que se tornasse possível pensar politicamente os mecanismos de subjugação sexual, racial etc. e da produção das subjetividades minoritárias? É provável que sim.

Mas por que deveríamos ter de escolher entre diferentes combates conduzidos contra diferentes modalidades de dominação? Se o que somos se situa na interseção de várias determinações coletivas, e portanto de várias «identidades», de várias modalidades de subjugação, por que seria necessário instituir uma mais do que a outra como foco da preocupação política, mesmo sabendo que todo movimento tem tendência a impor como primordiais e prioritários os seus princípios específicos de divisão do mundo social? E, se são os discursos e as teorias que nos fabricam como sujeitos da política, isso não nos incumbe de construir discursos e teorias que nos permitam jamais negligenciar este ou aquele aspecto, de não deixar fora do campo da percepção ou do campo da ação nenhum âmbito de opressão, nenhum registro da dominação, nenhuma intimação para a inferioridade, nenhuma vergonha ligada à interpelação injuriosa...? Teorias que também nos permitam estar prontos para acolher qualquer movimento novo que queira trazer à cena política novos problemas e discursos que nela não ouvíamos ou não esperávamos?[82]

Essa palestra em Yale representou para mim uma verdadeira prova, no sentido, entre outros, de um momento crucial em um percurso iniciático. Eu mal acabara de pronunciá-la e me foi imposta a ideia de retomar o livro que eu havia iniciado pouco depois da morte do meu pai — e ao qual eu tinha dado o título *Retorno a Reims* — e abandonado algumas semanas mais tarde, quando me pareceu impossível seguir com esse trabalho. Comecei a ler com frenesi tudo que podia se relacionar a esses temas. Sabia que tal projeto — escrever sobre o «retorno» — só poderia ser bem conduzido pela mediação, ou deveria dizer o filtro, de referências culturais: literárias, teóricas, políticas... Elas ajudam a pensar e a formular o que buscamos exprimir, mas sobretudo permitem neutralizar a carga emocional que seria sem dúvida forte demais se fosse necessário enfrentar o «real» sem essa tela. Eu tinha, contudo, prometido a mim mesmo ler apenas quando o meu último capítulo estivesse concluído o romance

---

[82] Didier Eribon, «The Dissenting Child: A Political Theory of the Subject», palestra realizada no dia 9 de abril de 2008, por ocasião da cerimônia de entrega do James Robert Brudner Memorial Prize.

de Raymond Williams, *Border Country*.[83] Eu tinha o pressentimento de que sua marca se imporia a mim com muita força. Portanto esperei. Fecho hoje esse livro, no momento de concluir o meu. A «intriga» começa quando um professor da universidade de Londres fica sabendo que seu pai acaba de sofrer um ataque cardíaco e que seus dias estão contados. Ele corre para pegar o trem. A narrativa então volta no tempo e desenvolve as etapas de um itinerário que vai de sua infância nas classes populares galesas até o momento em que volta para sua família antes do luto que se anuncia, passando pelo seu distanciamento do seu meio de origem e o mal-estar e a vergonha que são seus efeitos quase inevitáveis, e a obrigação, uma vez que «retorna», de reviver mentalmente sua infância e sua adolescência. No centro dessa história, encontramos, é claro, a sua ida para a universidade, graças ao respaldo de seus pais, conscientes de que seus esforços e seus sacrifícios terão por resultado separá-los de seu filho. Na última página, a personagem principal entende que não é possível «retornar» e abolir as fronteiras instauradas depois de tantos anos. No máximo podemos nos empenhar, ao tentar reunir o presente ao passado, em nos reconciliar conosco e com o mundo que deixamos. Ele declara, com muita sobriedade, que «mediu a distância» e que, «ao medir a distância», «põe-se fim ao exílio».

Ele tem razão? Está errado? Eu não tenho certeza de poder determinar. O que sei é que no momento de chegar ao final desse romance, quando o filho fica sabendo da morte do pai com o qual ele apenas tivera tempo de reatar os laços de um afeto desaparecido ou simplesmente esquecido, sinto

---

83 . Raymond Williams, *Border Country* [1960]. Cardigan: Parthian, «The Library of Wales», 2006.

lágrimas em meus olhos. Eu iria chorar? Mas por quê? Por quem? Pelas personagens do romance? Por meu próprio pai? Com o coração apertado, pensei novamente nele e me arrependi de não tê-lo revisto. De não ter procurado compreendê-lo. Ou tentado falar com ele antes. De ter, de fato, deixado a violência do mundo social me vencer, como tinha vencido meu pai.

Alguns anos antes, ao me ver outra vez sem rendimentos regulares e garantidos, me pareceu natural cumprir os procedimentos necessários para entrar na universidade francesa. Meus livros e meus cursos norte-americanos me davam esse direito. Depois de um longo desvio, eu reencontrava esses espaços que tive de abandonar no final dos anos 1970 porque não estava socialmente habilitado a pertencer a eles. Hoje sou professor. Quando contei à minha mãe que me haviam oferecido um posto, ela me perguntou, emocionada:

«E você vai ser professor de quê? De filosofia?»
«Está mais para sociologia.»
«E isso é o quê? É sobre a sociedade?»

Das Andere
Últimos volumes publicados

23. Ilaria Gaspari
Lições de felicidade
24. Elisa Shua Dusapin
Inverno em Sokcho
25. Erika Fatland
Sovietistão
26. Danilo Kiš
Homo Poeticus
27. Yasmina Reza
O deus da carnificina
28. Davide Enia
Notas para um naufrágio
29. David Foster Wallace
Um antídoto contra a solidão
30. Ginevra Lamberti
Por que começo do fim
31. Géraldine Schwarz
Os amnésicos
32. Massimo Recalcati
O complexo de Telêmaco
33. Wisława Szymborska
Correio literário
34. Francesca Mannocchi
Cada um carregue sua culpa
35. Emanuele Trevi
Duas vidas
36. Kim Thúy
Ru
37. Max Lobe
A Trindade Bantu
38. W. H. Auden
Aulas sobre Shakespeare
39. Aixa de la Cruz
Mudar de ideia
40. Natalia Ginzburg
Não me pergunte jamais
41. Jonas Hassen Khemiri
A cláusula do pai
42. Edna St. Vincent Millay
Poemas, solilóquios e sonetos
43. Czesław Miłosz
Mente cativa
44. Alice Albinia
Impérios do Indo
45. Simona Vinci
O medo do medo
46. Krystyna Dąbrowska
Agência de viagens
47. Hisham Matar
O retorno
48. Yasmina Reza
Felizes os felizes
49. Valentina Maini
O emaranhado
50. Teresa Ciabatti
A mais amada
51. Elisabeth Åsbrink
1947
52. Paolo Milone
A arte de amarrar as pessoas
53. Fleur Jaeggy
Os suaves anos do castigo
54. Roberto Calasso
Bobi
55. Yasmina Reza
«Arte»
56. Enzo Traverso
Gaza

Janeiro
2025
Belo Horizonte
Veneza
São Paulo
Balerna